ドキュメント水平をもとめて

皮革の仕事と被差別部落

鎌田 慧

解放出版社

ドキュメント　水平をもとめて――皮革の仕事と被差別部落　もくじ

写真提供＝山口隆義、（一社）ひょうご部落解放・人権研究所（撮影はいずれも取材時）

第一部

姫路の革をつくるひとたち

皮革の町・高木

兵庫県・姫路城の北東。市街地と郊外とを裁断して流れる、市川に沿うようにして、花田町高木がある。

高木地区は、中国山地から流れこみ、海を前にして大きく蛇行する市川に囲まれ、背後は山にさえぎられている、半月形の地形にある。

あるとき、城下の外れに位置している、ここの高台から、遠く姫路城を仰ぎみたことがある。この人たちは、その遠い城のシルエットを、どのような感慨をもって眺めてきたのだろうか。

山と川にさえぎられたせまい一郭には、ちいさな皮革工場が庇《ひさし》をならべて建っている。町工場のあいだのせまい路地を歩いてすすむと、軒下の奥に、太鼓型の大きな洗濯桶が、勤勉に回転しているのがみえる。「パドル」（太鼓ともいう）とよばれている、皮革を洗浄する装置である。

かつて、いまよりもはるかに皮革の生産が盛んだったころ、市川にかかる高木橋は、工場に通う労働者たちの群れで真っ黒になっていた、とつたえられている。

円筒形をしたパドル。皮と鞣し液を入れ回転させる

いまもそのころとおなじように、川は静かに流れているのだが、その流れを眺めながら、はじめてここを訪れたとき、わたしは急ぎ足で職場にむかう労働者の姿を想像してみるだけだった。

川岸にはずらりと原皮が干されていた、ともつたえられている。皮を市川の清流に漬けると、水中のバクテリアが毛を漉《す》きとる、という。

部落解放同盟の高木支部で、わたしは皮革産業のいくつかの資料をみせていただいた。

屠場労働者のルポルタージュを書いていたとき、東京の芝浦や横浜、徳島などの屠畜場で、牛や豚を解体する作業をみてきた。すばやい手作業ながらも、労働者たちが、表皮に傷をつけないように細心の注意をはらっているのに気づかされていた。

そのようにして大事にあつかわれた原皮が、塩漬けにされて皮革工場にはこばれ、いくつかの工程を経たあとで、さまざまな革製品の原料に「変革」される。高木地区を訪問して、その深いつながりを書くのが、わたしのつぎの仕事と思うようになった。

高木支部でみせてもらった資料のなかに、一冊の同人詩誌があった。『ぱどる』。ガリ版刷りの冊子である。それをめくって、わたしは感嘆した。皮革工場の労働が、質のたかい描写力でみごとに描かれていた。

牛と我が家　　西井敏一

おやじさんが丑年
俺が皮革工
弟が靴屋の店員
〈牛に連なる我が家の運命〉

でも愉快じゃないか
おやじさんが牛を育てる
やがて、その皮を
俺がなめす
そして出来上つた靴を
弟が売るなんて

〈牛で持つ我が家の家計〉

ひよいと
のぞく牛小屋
牛は、太鼓のような腹をして
敷藁の上に寝そべつていた。

『ぱどる』はおよそ一五ページから六〇ページ近いものまである
ガリ版刷りの手作り詩誌で、一九五五年から一〇年にわたって発

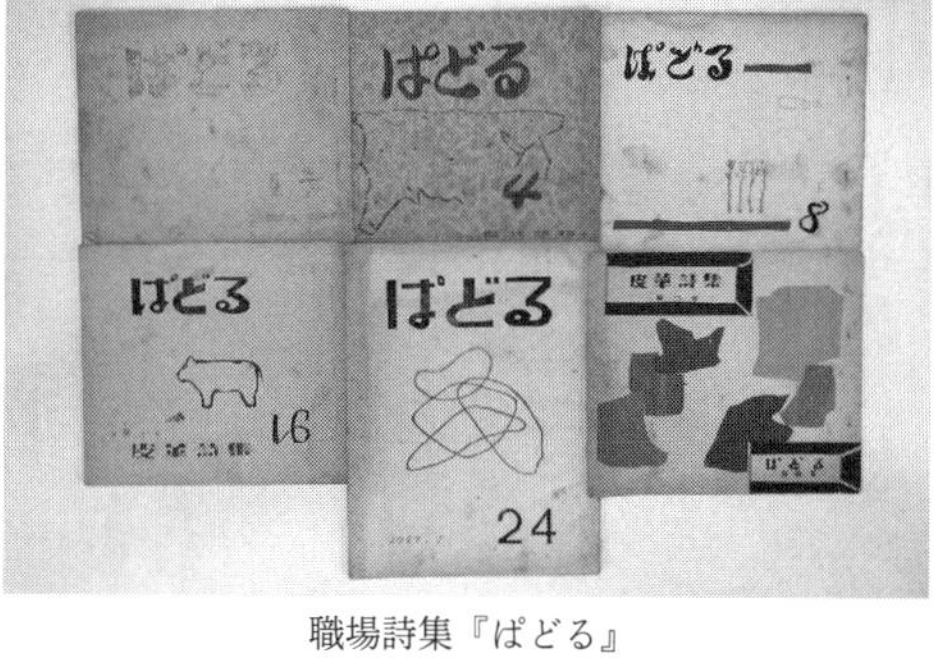

職場詩集『ぱどる』

行された。四〇号におよぶ職場詩集『ぱどる』は『皮革詩集』としてまとめられた号もある。一九九四年に発行された『わかるかい おれらの笑いが おれらの悲しみが』(瀬川健二郎編、姫路市教職員組合刊)の「第一部 詩集 ぱどるの唄」には、子どもたちにぜひ伝えたいとの思いから選んだ詩が掲載されている。

ここでは、『ぱどる』および『わかるかい おれらの笑いが おれらの悲しみが』からいくつか紹介したい。

俺は皮革工

村上弘一

革を、いいいしつとりにぎって見ろ、
革を、その手でなでて見ろ、
裏からだよ、
裏からだぜ、
おれらが磨きをかけた銀面に
手垢がつく、
裏から、ゆつくりなでゝ見ろ、

裏から、しつとりにぎつて見ろ、
革のぬくみがわかるかい
革の搏脈《はくみやく》が、わかるかい
おれらの血潮が沁みこんで
そこに、脈打つているのが
おれらの汗が凝つて
そこで、醱酵しているのが
わかるかい、
おれらの笑ひが
おれらの悲しみが
おれらのすべてを、ぶち込んだ昨日が
そこに、呼吸づいているのが
わかるかい、
革を、その手でなでゝ見ろ、
その、
節くれの太い手で

革を、しつとりにぎつて見ろ。
わかるかい、
わかつたかい、
いゝ気持にならないかい、
心が、軽やかにならないかい、
そら、
磨きをかけた銀面に
おれの顔も、
お前の顔も、
仄かに
明日の様に、
映っているだろうが……。

革

石田道恵

今日も又

いばら傷をなぜ
よごれを拭き
不用のところを
切取つてゆく

一枚、一枚が
生活の裏付けとなり
働ける喜びは
汗となり油となつて
しみこんでゆく
革はみんなの
幸せを背負つて
仕上つてゆく――。

職場の文化運動

これらの詩では、労働の苦しさではなく、楽しさと喜びと感謝とがうたわれている。作者たちの明るい精神を感じることができる。仕事はさほど楽なものでないのはわかる。それでもなお、労働にうちひしがれていないのは、おそらく、労働運動にたいする信頼と未来にたいする楽観が、あるいは、詩をつくる仲間たちのサークルが、明るい雰囲気に包まれていたからかもしれない。

一九九四年一月に発行された『わかるかい おれらの笑いが おれらの悲しみが』の「解説」（瀬川健二郎）によれば、『ぱどる』は、北中皮革合名会社の職場詩集で、「一つの職場の労働者を中心に発行された」と書かれている。

もしも、工場単位ではなく、職場単位で詩の雑誌が継続的に発行されていたとしたなら、それは驚異的なことである。いまは工場単位でさえ、書き手を集めるのがむずかしい。

たしかに、戦後の文化運動は、職場や地域にさまざまなサークルをつくりだし、さまざまな表現を生みだした。それが、文化運動としてばかりではなく、職場の抵抗と解放、地域の民主主義を押し上げてきた。

「北中皮革」は、従業員一八〇人と書かれている。このすくない人数のなかから、詩を書くひとたちを生みだし、それも四〇号をこえる営為は、日本の文化運動としても希有《けう》な例である。それはその工場に、すぐれた指導者がいたことを示している。

巻末につけられている「解説」は、短いながら、きわめて簡にして要をえたもので、これも運動のなかで書かれたものであることを理解させる。『ぱどる』を生みだした村上弘一について、つぎのように書かれている。


村上弘一氏は一九二四年に飾磨《しかま》郡夢前町に生まれました。一九三九年国鉄に入社し、七年間勤めました。一九四五年一月軍隊に入隊し、七ケ月後に終戦をむかえました。一九四九年K皮革合名会社に入社し、一九六七年まで勤められました。

詩作は、福岡泰雄主宰『若葉』や石田まさひろ主宰『径』『畦』などの同人として研鑽を積まれました。一九五五年五月、K皮革合名会社の職場の人々に呼びかけて、詩集『ぱどる』を創刊しました。謄写版の道具から自分で作られ、一枚一枚原紙を切って印刷されました。まさに手づくりの詩集でした。そのときの喜びを次のように語っておられます。

「『ぱどる』はここに一号が生まれました。みなさんに愛され、喜ばれ、やがてみなさんの生活から、のぞみとあこがれとすべてのうたをうたい続けたいと願っております」（『ぱどる』一号・あとがき）。

村上氏は、「ぜんざい会」と称する詩の批評会を行いながら、同人たちの詩作の技術を高めていきました。また、会社から図書費の予算を受け、いろいろな本を購入していきました。そして図書室をつくっていったのです（瀬川健二郎編『わかるかい　おれらの笑いが　おれらの悲しみが』姫路市教職員組合）。

書くという行為は、自分をみつめることだが、職場と労働について書こうとすれば、その矛盾についても考えさせずにはいられない。同人のひとりである大沢義正はつぎのように書きつけている。

僕が詩を作って居るつて、そう笑ふなよ——。時の過ぎるのも知らず、無意味な享楽に耽っていたのだが、誘はれて批評会に行つた時、その部屋の空気が僕の空つぽだつた胸に新鮮に流れこみ、脳裡に焦げついたイメージが、こうして僕に詩を作らせているのだ。
日常なにげなしに素通りしていた事を教えてくれたんだ（「随想　僕の詩作論」『ぱどる』一五号）。

それまで、なにげなく見過ごしていたことも、書くという行為によってあらたな意味をもって発見されることが多い、その喜びが先に引用したような詩に脈打っていたのだった。「北中皮革」は、一九六七年に操業を停止した。合成皮革との競争に破れたようだ。

それにしても、皮革工場ではたらいていた労働者たちは、どのようにして自分の言葉を獲得したのであろうか。

ぱどるの唄

長谷川魚水

春風さわやか
まわるよ「ぱどる」
皮と水との
ふれる音

今日もまわるよ
くるくるくる、と
皮と液とを
さばく音

皮と人
人と人との和を結び

くるくるくる、と
まわる音

「パドル」が静かな音をたててまわっている高木地区では、豊かな文化が紡ぎだされていた。このような、やわらかな感性による詩を書いていた労働者たちは、それからあと、どうしたのだろうか。わたしは、いま、それが気にかかっている。

高木の地獄橋

ＪＲ播但《ばんたん》線の野里駅から南におりてくると、コンクリート製の長い橋が架かっているのがみえる。「高木橋」である。その橋のちかくに、ちいさな鐘楼を備えた建物がたっている。結婚式場の玉姫殿だが、ここがかつて「北中皮革」のあった場所だそうだ。いまでもそのまわりに、皮革の倉庫がならんでいて、往時の盛況ぶりをうかがわせる。

そこから橋を渡った地域の入口、朽ちかけた建物の壁に、「花田町高木地区案内所」の掲示板がかかっている。地域の略図が描かれているのだが、地図をとりまいている広告は、○○製革所、○○皮革、○○染革所など、皮革関係のものである。工場は奇妙なほどに背の高い建物で、三階が皮革の乾燥場になっているようだ。

かつては、二一〇軒もの工場がひしめいていた。が、いまは一六〇軒にまで減っている。生産量で四割減になっているとか。

その昔、高木地区から姫路の市街地にいくには、大きく迂回して、はるか下流の小川橋を渡るしかなかった。地区のすぐそばに橋を架けるのは、ここに住むひとたちの長年の悲願だった。

橋が架かったのは、一九三三（昭和八）年一〇月。それまでは、そこから五〇メートルほど北に寄ったところに杭をうちこんで、その上に板を敷いた「板橋」があった。杭と板とは細い鉄線で結んであっただけなので、増水すると板はたちまちにして瀬戸内海めがけて流れていった。

それならまだしも、急流で揺れる橋板は、三〇センチほどの幅でしかなかったので、足をふみはずして転落するものも珍しくはなかった。それで、「高木の地獄橋」と名づけられていた（新井磯次『高木風土記』）。

高木地区に橋を架ける運動については、瀬川健二郎の「高木橋秘話―和田国松氏の偉業」に詳しい。瀬川論文によれば、架橋の功労者は、この地域で製革工場を経営していた和田国松であり、その先輩の安部伝右衛門だ、という。

川むこうに位置していた「山陽皮革」は、神戸の屠牛場から原皮を鉄道に乗せて、播但線京口駅から、大量にはこびこむことができた。

が、川でさえぎられていた高木地区の皮革業者は、中国、朝鮮から輸入した原皮を多く使った。

それで飾磨《しかま》港に陸揚げしたものを馬車ではこび、それも小川橋を迂回していたから、膨大な運搬コストと時間をついやしていた。

山陽皮革が、年間三万枚のクロム鞣《なめ》しを生産していたのにたいして、高木全地区では、二万枚にとどまっていた。それは橋のないハンディでもあった。

山陽皮革は、製品を陸軍被服廠《しょう》に納入し、かつ大阪や東京へ販路をひろげていた。一方、高木地区の和田製革も、そのハンディを背負いながら、東京からクロム鞣しの優秀な技師を招聘《しょうへい》して事業を拡大し、浅草に二支店を設立、海外にまで輸出するようになった。

和田国松はそれによって儲けたお金をつかって、架橋運動をおこない、最後には姫路の陸軍第十師団を説得して工事費をつけさせ、野里と高木を結ぶ道を県道に編入させた。

和田国松の功績は、何といっても地区改正事業と高木橋を完成したことである。このことによって原皮や製品の大量輸送が可能になっただけでなく、他の町との交流が容易になった。特に戦後になって、白なめしからクロームなめしに転換でき、高木の南や東（現在の五区・六区）に工場が進出することができたのは、高木橋と道路があったからこそである。ということは、和田国松はこの六十年間の高木の産業・交通・生活そして人的な交流や文化を支えてきた恩人であるといっても過言でない（瀬川健二郎「高木橋秘話―和田国松氏の偉業」『ひょうご部落解放』六二号）。

それでも、彼は評価されることすくなく、やがて全財産を処分して東京に去ってしまう。瀬川によれば、政争に破れてのことだった、とか。

北中飢餓同盟

その二年ほど前、まだ高木橋が架かっていないころのことである。北中皮革で労働争議が勃発した。

全国水平社が結成されたのは、一九二二年三月三日、京都の岡崎公会堂でのことだったのはよく知られている。高木地区では、一年後の四月に、水平社演説会が開催され、その一カ月後には高木水平社が結成されている。

北中皮革で労組が結成される前、山陽皮革でもオルグ活動がはじまっていた。しかし、その前に経営者から懐柔され、切り崩された苦い経験があった。高木皮革に飛び火したかたちで、組合が結成されたのは、一九三一（昭和六）年一〇月二七日だった（新井磯次『北中皮革争議・思い出すことども』明治図書）。

山陽皮革は、姫路の財界人たちがつくった会社を、川西飛行機（川西清兵衛）が買収したもので、直接的には高木地区とは関係がなかった。が、それにひきかえ、北中皮革は、高木の出身者が大阪の皮革生産地帯である西浜で成功し、その余勢をかって地元につくった会社だった。

たいがい、高木の工場は、中小、零細で、徒弟制度ともいえる「親方と職人」の世界だった。それも縁故関係がつよいため、近代的な労使関係は生まれにくい不安定な労働環境だった。

北中皮革で組合結成に労働者全員（三六人）が参加したのは、工場建設時に、川原の石をはこんだり、土盛りしたりして貢献したにもかかわらず、低賃金で輪番休業を押しつけられ、そのうえさらに、「新規契約」を繰り返させられるという、強い不満があったからだ。

組合指導部は、切り崩しの前に一挙にストライキを実施して、決着をつける作戦だった。争議団は、部落のひとたちから圧倒的に支持され、子どもたちも労働歌をうたい、デモに参加していた。この闘争によって、勤続年数の加算、年一回の昇給、年二回の賞与の支給などの回答をひきだして、組合側の勝利となった。

が、その後、会社側は、組合が上部団体（全労播州産業労組）を脱退した隙《すき》をついて、「輪番休業」を強行し、それに反対した労働者六人を解雇した。第二次争議がはじまったのは、おなじ年の一二月一三日からである。

このときから、争議を指導するようになったのは、新井磯次だった。彼は西浜で皮革職人としてはたらいていた。高木地区に、西光万吉、阪本清一郎、米田富などの水平社幹部にきてもらって、演説会をひらいたのは新井だった。

彼はつぎのように書いている。

冬の日は暮れやすくあたりは暗くなった夜空に寺の梵鐘が乱打される音が響き渡り、公会堂に集まれ、公会堂に集まれと、はやてのように駆けまわるもの、殺気を帯びた空気は、つづいて起る何かを暗示するかのように村中をつつんでおります。

公会堂に集まった群衆の中から次々に演壇に上って、北中打倒、警察横暴を叫んで熱気は熱気を呼んで満場昂奮のるつぼと化しているところへ、姫路警察署長が部下七、八十名を率いて、解散と書いた旗をかざして乗り込み、演壇近くの重《ママ》だった者を片っぱしから検束をはじめたのです。

サッと表に出た群衆は石をつかんで警官目がけて投げつける。女、子供は石を運ぶ。いつ果つべしとも知れぬ石つぶてと、大声で火をつけよと叫ぶ声に、危険を感じた警官隊が一せいに抜剣して表に飛び出したので、怒りをこめた群衆との凄惨な白兵戦が展開されたのです。

やがて警官は本部としている北中工場の方へ逃げだした。なおも追跡した群衆は川の向うに追いまくって、高木橋詰に大かがり火を焚いて労働歌をうたって徹夜で警戒した。

一日おいて十九日の未明に兵庫県下各警察から選ばれた四百余名の警官隊が高木を襲って、誰彼の別なく検束して、警察、武徳殿、消防署の三ヶ所に収容して苛酷な拷問による取調べが行われて、結局二十七名が騒擾罪として起訴されたのです。争議団も年明けとともに陣容を立て直し、別に北中争議犠牲者救援会を組織して全国の解放団体、文化団体に呼びかけ救援活動もしました。

十七日の事件が大きかったので、争議団が何をしても社会の反響がないので、この上は餓死同盟（ハンガーストライキ）を決行するよりないとの結論に達し、ついに、一月十七日本部から一切の食料品を投げ出し、厳重なくぎ付けにして餓死同盟に入りました。

餓死同盟に入れなかった十一名は住吉水平社の松田、大阪総連盟の北爪に引率されて、大阪の北中本店目ざして餓死行進を決行したのですが、それを知った姫路警察がトラックを出して後を追っかけ、明石附近で検束しつれ帰りました。

餓死同盟が一日、一日日がたつにつれて村民の騒ぎがはげしくなり、ついに県警察部の調停官、播高郷友会、争議団、北中四者の会議となり、会議は難行し何回か決裂の危機におちいったが、一月二十四日未明、調停者の提案である、①全員解雇（団員は一人も復職の意志はなかった）、②争議費用として七千円を争議団に支払う。この二件で争議を打ち切ることにしたのです（「わたしの闘い」前出『北中皮革争議・思い出すことども』。改行と読点を加えた＝引用者）。

水平社演説会

部落解放同盟高木支部に、争議当時の記念写真が飾られてある。「北中争議団飢餓同盟」と大書された巨大な看板の前で、新井磯次やオルグなどが、並んでいる写真である。

「兄弟よ、死すとも負けるな」

それが、この闘争のスローガンだった。警察は大弾圧（村民三百余名の一斉検挙、起訴者二九名）をかけた。騒擾罪の適用によって、八人が懲役八カ月から二年の判決を受けた。

いまから九三年前、一九二三年四月、この地域ではじめてひらかれた「水平社演説会」は、つぎのようなものだった、という。

水平社の演説は「私たちは今まで大変な差別をうけても耐え忍んで来た、私たちは他の人となんの変りもない人間である。われわれはまず人間のねうちに目ざめて人間の尊さを知らねばならない。差別は許すことの出来ぬ不当なものであるのにめざめる、また私たちは昔から部落に伝わる仕事より他の仕事にはつけない、それで皆まずしいのだからその仕事を求めることと貧乏をなくすることに全力をあげ、これからのくらしの中に差別を見つけたら見逃したり尻込しないで、徹底的に糺弾するのだ」と（後略）（「わたしの闘い」前出『北中皮革争議・思い出すことども』）。

この日から、高木地区の解放運動がはじまった。そして、労働運動史上に輝く、「北中皮革争議」。わたしはここにきて、皮革産業の歴史と現状を取材する前に、まず解放運動と労働運動と文化運動が一体化した高木の歴史に遭遇した。この視点から部落産業をみることになったのは、けっして偶然ではない。

同人詩誌『ぱどる』の誕生

皮革工場のなかで、同人詩誌『ぱどる』を組織した村上弘一さんは、姫路市郊外の宍粟《しそう》郡安富町に健在だった。わたしは、この雑誌を発掘・紹介した、花田町高木小学校の瀬川健二郎先生に案内されて、ご自宅にうかがうことができた。

村上さんは、一九二四年、関東大震災の年に、となり町の夢前《ゆめさき》町に生まれたという。ことし七三歳になるのだが、若々しい感じで、文学青年のなごりがあった。

五〇年代は、全国的に職場の文学サークルや読書会などが盛んな時代で、そのころ、町工場ではたらいていたわたしなども、ちかくの印刷労働者たちと読書会に参加していた。ガリ版刷りの詩集である『ぱどる』を手にすると、その時代の匂いがたちのぼってくるようである。

一九四九（昭和二四）年の夏、村上さんは北中皮革に入社した。二五歳になっていた。近所に住むひとでこの工場に勤めていたひとがいた。その紹介だった。

「きたないところやけど、よかったらこんか。お前、今日びきれいなええところに就職しよう思ってもありゃせんぞ」

皮革工場内のようす

会社を訪ねて面接をうけると、「すぐこい」となった。賃金も仕事の内容も相手にまかせっきりだった。体力には自信があった。そのころ、北中皮革は一五〇人ほどの会社だった。就職難で、とにかく仕事があればそれでよかった。はじめて工場のなかにはいって、村上さんは驚かされた。
「すごかったね、想像以上でした。流し場、皮革のいちばん最初のとっかかりのところですが、牛皮をひろげると、こんなに大きくて、まだ毛が生えていました。岩塩につつまれているのを、水につけて塩を溶かして、それをガラガラ回る機械にかける。
アメリカの牛の皮ですからね、糞がバリバリについている。内地の牛は屋内のなかで育てますからきれいなんですが、アメリカの皮はいばら傷や糞があっちこっちについていて。それをこっちにひとり、そっちにひとり、ふたりで両端をもって、いっち、にっ、さんでバーンと台の上に放りなげる、それで水とくすりでガラガラッと洗って、糞を取るんですな」

村上さんは、すこし大きな声になって、早口になった。寸暇を惜しむ労働のリズムを思いだしたのである。

「それから、よぉーいで、ふたりでバーンとひっくりかえして、残りの片側をガラガラッと洗う。一頭分、五〇キロはあるでしょうね、まだ、毛も脂がついていますから。そんなの倉庫にいっぱいありました。北中は靴の底皮が専門だったのですね」

近所にある、山陽皮革は表革が専門だった。

牛毛の雲

一五歳のとき(一九三八年)に、村上さんは神戸の国鉄鷹取《たかとり》工場の教習所にはいった。家が貧しくて向学心のある児童は、大企業の養成工になったり、国鉄の教習所にはいったりした。鷹取工場では、汽車の組み立てや解体などがおこなわれていた。

村上さんは、車輪工場に配属された。ここではたらきながら勉強するのだが、二〇歳になって、姫路の陸軍輜重《しちょう》隊に現役入隊、長野県の戸隠に派遣された。地下の大本営建設に従事していたときに、敗戦を迎えた。

故郷に帰ってきて、国鉄に復帰しようにも、宿舎が空襲に遭って消失していた。実家からは遠くて通勤できなかった。父親が大工だったので、その仕事を手伝ったり、山を開墾して芋を植えたりして生活していた。

このころ、青年団活動に熱中し、演劇の台本を書いていたりしたのが、あとで職場でのサークル活動に結びつくことになる。サークル活動は、たいがい、労働者の自主活動として、会社の価値観と対立する。

北中皮革合名会社は、一九〇九（明治四二）年、高木地区出身の北中巳之吉によって創業された。それ以前に、彼の父親が大阪の皮革の産地である西浜にいって身を立て、高木にちいさな皮革工場を建てたのが、はじまりのようである。

日露戦争が皮革の需要を急増させたのだが、このころから、業界はクロム鞣成《じゅうせい》に転換、近代的な製法に変わった。ちなみにいえば、山陽皮革（前身）が、ロシア人の捕虜を雇って技術革新に成功した故事は、よく知られている。

前述のように、北中大争議は、一九三一（昭和六）年だった。村上さんが採用されたのは、それから一八年あとのことだが、争議の影響はふかく遺されていた。

かつて争議の中心だった高木地区から採用されていたのは、ふたりだけだった。ひとりは老人でありもうひとりはろうあ者だった。このことが、北中皮革が口うるさい労働者をいかに嫌ったかを、象徴的に物語っている。

「賃金は、世間よりちょっといい、という程度でした」と村上さんはいう。職場は「流し場」。原皮を水洗いし、石灰につけて毛抜きする。まいにち、皮をひっくり返し、別の壺につける。それをトビでひっかけてまた沈める。硫酸で脱毛する。一日に、四、五〇〇枚もあつかった。

「合羽《カッパ》、前垂れ、長靴、流し場はいちばん汚くて、重労働だった。毛は飛ぶ、糞は口のなかにはいる、汚い、きれい、いうておられんかった」

新入はいじめられた。作業服をいれるロッカーに、煙草の吸い殻がはいったバケツの水を思いきり注ぎこまれたりした。それでも笑っているしかなかった。

流し場の仕事は、一〇時すぎに終わる。そのあと、午後五時までほかの職場の応援にまわる。相棒はたいがいやめていった。なんでこんな仕事せにゃならんのか、と考えたりした。が、かれは長男で、下にいる五人の弟妹の面倒をみなければならなかった。

牛毛の雲

村上弘一

もう牛達は

さからわなかつた。
つながれた足を連ねて
黙々と
水槽の底に沈んでいつた。

はがされた牛皮は
柵をのり越へた日のやうに
だゞつぴろい毛並みを
リールの上に躍らせては
石灰水めがけて落ちていつた。

幾つかの水泡が
水面に割れて
最後の牛皮が沈み終る
と、
なんでもないことのやうに

水は
ゆるやかに澱んでいつた。

水槽の向ふに
窓があり、
窓の向ふに
雲がある。

枯草色の水面に
一摑み
雲のやうな
牛の毛が
浮き上つていた。

労働組合の結成

職場での詩のサークルの組織化は、熱い、苦しい、つらい、給料が安い、そんな不満をしゃべりあう場をつくることからはじまった。「ぜんざい会」と名づけて、お汁粉を食べながらおしゃべりする会をひらいていた。

餅や小豆を持ちよって、男女、七、八人が集まった。ぜんざい食べて、おいしかったということを書いてくれ、というようにしてはじまった。そのなかから、詩をつくる仲間をふやした。

最初は、紙に書いた詩を合評した。それから、謄写版を自分でつくって、印刷、製本。『ぱどる』を発刊した。五五年五月だった。最初は五人ほどだったが、のちには二〇人ほどの集団になる。たいがい、二〇代だった。

二〇〇人たらずのちいさな会社で、これだけの参加者は、考えられないことである。よほど柔軟な組織力がなければできるものではない。

「組合あったらいいな」というような話もでるようになる。

「だれが猫に鈴をつけにいくのか」

それ以上に話はすすまない。労組結成はゆっくりしたペースだったようだ。大争議の、それも敗北のあとの組織づくりは、とても困難なものである。

ある日、村上さんは国労の支部へ相談にいった。

「組合のことを教えてくれ」

「よっしゃ」

組合結成は、『ぱどる』発行の四、五年あとから、というから、六〇年安保闘争の前だったのであろう。パッとつくってしまえ、バレたらおわりだ、といわれた。ちかくの山陽皮革には、すでに組合があった。

『ぱどる』の同人たちと相談していた。流し場は、仕事が荒いかわりに気も荒い、ここが結成の中心になった。

「こんな給料でいいんかい。労働組合つくると、給料がふえるんじゃ」

「ほんまにふえるんかい」

「そうじゃ、わしはクビになってもやるんじゃ」

「やってくれ、絶対ついていく」

そんなオルグ活動だった。

姫路城内の労働会館で結成大会をひらいた。全員が参加した。女性が三分の一ほどだった。北中姓のひとたちはいらなかった。会社の縁故者には知らせなかったのだ。

いきなり結成を通告すると、社長は真っ赤になって怒った。社の幹部たちは村上さんのことを知らなかった。

「どこのもんだや。高木のもんかい」

社長にしてみれば、高木以外のものがそんなことをするとは、考えられなかったようだ。それでも、攻撃はかけてこなかった。親戚の北中長次郎が工場長だったが、彼は『ぱどる』の同人でもあった。

翌六一年四月の春闘要求での賃上げは、「山陽皮革なみ」で、一割五分アップだった。賃上げの部分は一律方式で、会社の査定はいれさせなかった。それと図書部をつくった。「本代をだせ」「風呂をきれいに」「食堂の改善」「給食弁当の支給」というのも要求にいれた。いわば文化と福利厚生施設の要求である。

「詩はレジスタンスだ」

「皮革産業労組連絡会」との連絡はとっていたが、上部団体にははいっていなかった。

詩を書くことによって、労働者の意識が変わってきた、と村上さんはいう。職場のなかで、女性にわいせつなことをいうのが当たり前だったが、それもなくなった。

「職場のなかでの不満を書くように」と村上さんは指導していた。「詩はレジスタンスだ」とも主張した。詩にあらわれた不平や不満を、労働組合が解決する。それが執行部の方針だった。執行部の八割かたが、『ぱどる』の同人だった。雑誌が運動をひっぱっていた。

賃上げ、一時金闘争で組合は圧勝していた。北中は合名会社で、経理内容はさっぱり明らかにされなかった。支払い能力がないといわれたので、一日に一五〇枚の生産を一六〇枚にあげて、賃上げを勝ち取った。経理内容をみせろ、と要求してもみせなかった。

三年ほどたって、二四時間の全面ストライキを実施した。門のなかに赤旗をたてた。三時ごろになって、会社は要求をのんだ。このころになると、皮革労連のなかでも、賃金は高いほうになっていた。

北中皮革は、タンニン鞣《なめ》しによる、靴の底革（厚物）の専門メーカーだった。ところが、そのころになると、クラリーノ（合成皮革）が出まわるようになってきた。軽くて、安くて、丈夫な製品である。北中皮革は大阪の卸問屋に販売をまかせっぱなしで、独自の製品を開発するなどの経営努力を、怠っていた。

甲革《こうかわ》の生産に転換を図ったが、すでにとき遅しだった。それぞれに専門分野が確立されていて、参入できるマーケットはなかった。北中皮革は、商社の丸紅や堀川商店のいいなりにつくるだけで、経営者はなにもしないですんでいた。

一九五四年に発行された『花田史誌』に紹介されている「北中皮革合名会社」の項には、つぎのように記述されている。

本社は明治四十二年一月創業、大正六年工場設備の改善を行ひ、大正八年八月組織を合名会社に変更し、太平洋戦時中は軍需工場に指定されてゐたが、幸に戦災を免れて今日に至つてゐる。会社の経歴等次の如し。

一、**会社の経歴**

一、明治四十二年一月、個人経営にてクローム鞣革製造開始。

一、大正六年、米国人技師ウオルス氏の来朝を求めその指導下に技術の向上及び工場の改善を行ひ底革製造に着手す。

一、大正八年八月、合名会社に組織を変更す。

一、昭和十五年四月、先代北中巳之吉死亡により現北中巳之吉襲名す。此間日本皮革工業組合聯合会理事長及大阪皮革工業組合理事長に就任す。

一、昭和十五年十月、資本金百萬円に増資す。

一、昭和二十三年六月、兵庫県重要物資生産工場に指定さる。一貫作業開始、革ベルト、紡織用革、織機附属革製作

二、**生産品目**

一、靴用甲革、靴用底革、各種工業用革、鞄袋物用革、運動具用革、馬具用革等の鞣製

一、革ベルト、紡織用革、機械用附属革等の加工

（『花田史誌』花田村役場）

倒産した「北中皮革」

六五年、会社側は一〇〇人の解雇を通告してきた。労働者の半分にもおよぶ指名解雇である。村上さんをはじめとして、『ぱどる』のメンバーの全員がはいっていた。このときの村上さんの説明でよくわからなかったのは、組合が「全員を解雇しろ」と会社に要求した、という。脅しともとれるが、そのあと、退職金の一〇パーセントましで妥結した。強い組合にしては、信じられない弱腰である。

「労働者たちはやめたい、というんです。会社がつぶれるかもしれないから、退職金が欲しい、といって」

操業停止になったのは、その二年後の六七年だった。

村上さんは、争議の前に『北中皮革争議史』の著者である、新井磯次さんのところへ相談にいった。その本を読んで影響されていたというから、二つの「北中争議」は、時間を超えて結びついていたことになる。いま、高木橋のちかくに遺されているレンガの倉庫は、「北中皮革」一万三〇〇〇坪の栄華のあとである。

クビになって、村上さんは仲間たちにいった。「失業保険のあるうちに、自動車の運転免許をとれ」。これからの仕事に、運転が絶対必要になるのを見込んでいた。彼自身、四二歳で免許をとって、瓦屋に勤めた。

村上さんの村には、屋根葺き職人がなん人かいた。そこであつかわれている赤瓦に関心があった。それで明石の江井ケ島に産する赤瓦をあつかう営業所に勤めることにした。二年たって独立した。新興住宅があっちこっちにできて、経営は順調だった。が、得意先の工務店の倒産にひっかかって、不渡り手形をつかまされたりした。

いまは、瓦屋根工事を斡旋したり、自分で屋根葺きを手伝ったり、悠々自適である。村上さんの半生は、皮革労働運動の歴史でもあり、戦後の労働者文学の知られざる一章でもある。

「山陽皮革」の誕生

北中皮革は、消滅した。が、市川の二〇〇〇メートルほど下流にある、「山陽皮革」（現・山陽）は、いまなお創業一〇五年の歴史を誇って、健在である。

わたしは、屠場で剝《は》ぎ取られた牛の皮に、塩が投げこまれ、大きく畳まれている光景をなんどか見たことがある。牛皮は想像以上に厚く、あたかも重い絨毯《じゅうたん》のような重量感があった。この工場では、それをフォークリフトで倉庫からはこびだして、巨大な桶に水浸けするところからはじまる。

山口靖夫総務部長の話によれば、原皮とよばれる原料の九〇パーセントは、アメリカなどからの「輸入物」とのことである。国産のは皮が堅く、面積が広いので、応接セットなどの家具に使われる。アメリカ産は焼き印や有刺鉄線にひっかかったいばら傷があるので、ひろい面積をとれないとか。

　工場見学させていただいて、わたしは、皮が洗われ、削られ、伸ばされ、塗装され、磨かれて出荷されるまでの一貫生産の流れをつかむことができた。簡単にいえば、巨大な洗濯工場のようでもあった。

　装置の中心は、ぐるぐるまわるパドルであり、圧延機や輪転機のようなロール状のアイロンだったりする。あるいは、織物工場のようでもあった。染色された皮の生地が、大量に生産されているからである。

皮革工場で働く人たち

　そのあとで、これらの一貫生産が、いくつかの工程ごとに下請け化されている状態を、高木地区でみることになる。いわば工場を分割して個人経営にした形なのだが、部落解放同盟高木支部の金田頼一《よりかず》支部長によれば、その分業と協業化によって、高木地区の皮革工場が生き残っている、という。いわば、大部隊編成ではなく、ゲリラ的に戦っているようなのだ。
　工場の構内に、川西清兵衛の胸像が建っていた。

川西は中島知久平と群馬県に「日本飛行機」を設立、川西航空、日本毛織などを興した実業家として知られている。山陽皮革は、一九一一（明治四四）年、川西を発起人総代として創業された。しかし、それは神戸や姫路の財界人から資金を集めて、「姫路製革所」を買収したものだった。姫路市は、高木村で生産されていた「白鞀革《しろなめしがわ》」の産地として有名だった。

ロシア人の技術

日露戦争のあと、日本の皮革産業は、近代的な生産にはいる。その軍需生産をささえたのは、「敵国」ロシアの捕虜だった。「山陽」の中山隆顧問は、つぎのように書いている。

　姫路から第十師団が出征した後に、留守第十師団長として着任した柴野義廣中将は、姫路が日本一の皮革産地であることを知り、その白鞣革は美麗で柔軟であるが、室外用には全く不適でロシア軍並みの革を作りたいと思い、俘虜の中に先生はいないかと発想し、同三八年春に姫路市長大塚武臣に戦勝記念事業としてロシア式製革（タンニン鞣の甲革・底革）技術の導入を提案した。
　師団経理部は早手回しに船場本徳寺・景福寺に収容していた俘虜の中から鞣皮製造熟練者と称する二人に試作させたが、覚束ない品質であった。そこで同じ管轄下の福知山俘虜収容所を調べ、ミハウ・ムラフスキ伍長を七月に姫路へ移転させた。そして、八月に高木村の有力者菅治平・大垣伊三郎の監督下で鞣革製造業酒本亀吉にムラフスキから技術を伝授させ、見本の試作を急がせている。

ところが、九月に入ると日露講和条約調印が成り、俘虜は送還しなければならず慌ただしいことになった。この時俘虜が一人日本海方面へ逃亡したと言う説を流したり、陸軍省・農商務省へ残留を陳情しているうちに、一二月に試作見本が出来上がり、姫路製革所設立出資者募集となった（「株式会社山陽の歩み」『創立15周年記念誌 兵庫県皮革産業の歩み 皮翔』兵庫県皮革産業協同組合連合会。一部改行は引用者）。

ロシア人捕虜を残留させ、酒屋を買収して酒倉を移築し、酒桶や醤油桶をあつめて槽に代用、高木村のひとたちを雇ってタンニン鞣しを実業化したのは、のちに衆議院議員になった丸山芳介《よしすけ》だった。が、柴野留守師団長は、現役師団が復員してくると免官され、せっかくのロシア革の生産も、師団への納入が減ってしまい、ついに川西清兵衛に身売りすることになる。

軍需産業とともに発展

ムラフスキには、高給と住宅と女性まであたえられていた、とつたえられている。が、その後、アメリカへ送りだされたとか、消息はきこえなくなった。その後の「山陽皮革」については、つぎのように記されている。

大正初期は従業員二〇人程度で、象皮と称した靴底革、多脂革、茶利革等のタンニン鞣革が三分の一（厚物といった）、靴甲革、紡績用革のクロム鞣革が三分の二（薄物といった）、外に白鞣革も生産していたが、朝鮮・満州からの原皮入手ならびに同方面への製品輸出が安定せず、苦労が絶えなかった。

資本面では、大正二年（一九一三）に一〇万円、同四年に一五万円、同五年に一〇万円、同六年に一〇万円と次々と注入し、海外の優秀な製革機械の導入を図ると共に、若手技術者を海外研修に派遣し、また海外から絶えず技術者を招聘して、内に力を充実していった。

同三年（一九一四）八月第一次世界大戦が勃発し、ロシア軍から大量の軍需品の注文を日本に向けて来た。一方中国原皮はヨーロッパ向け船便が止まり、安く入手できるようになった。同五年には日本の陸海軍も大量に軍装革の注文を出すようになった。このことは当社のみでなく日本の皮革産業全部のことであるが、同四〜七年は大戦景気に沸き立った。

同五年には山陽皮革は年売り上げ三〇〇万円に達し、初めて年一割の株主配当を行い、以降も持続させている。しかしながら思うに、事業の基礎を固め安定させるのに、何と長い期間を要したことであったろう。この間の経営の苦心や思うべしである（前掲書。一部改行は引用者）。

ロシア人の技術によってはじまった会社が、逆転してロシアの軍需品の供給をささえたのは、歴史の皮肉である。皮革工場は、けっして武器をつくっているわけではないが、軍靴や防寒服の原料をつくる軍需工場として、戦争とともに発展してきたのは事実である。

なお、『日本皮革株式会社五十年史』によれば、第一次大戦開戦によるロシア特需とは、つぎのようなものだった。

ロシア軍需品の大註文

第一次世界大戦はわが社に大きな発展をもたらした。明治四十年の創立から、大正三年の第一次世界大戦の勃発にいたる時期において、三社合同による当社設立の基礎を固め、関税改正を契機として民需革への進路をひらき、外国革輸入の排除に成功したわが社は、ただ前進の途上にあったが、これに拍車を加え、躍進に転ぜしめたものは大戦であった。それは具体的、直接的には露国軍需品の大量註文という形をとってあらわれた。

発註は大正三年下期、四年上期および五年上期の三回にわたって大倉組の引受けでおこなわれ、当社は弾薬嚢二百万個、付帯三十万個、馬具三万五千組の製造にあたることとなった。

作業は革具工場で行われた。革具工場は前章にものべたように、国家的、また経営的の見地からきわめて消極的に維持されていたが、この設備と経験とのゆえに、ロシヤ政府の大註文にも直ちに応じられ、空前の繁栄をもたらしえたのであった。

ただ従来十数名にすぎない工員であったので、すぐこれが態勢をととのえ、革截断までの作業を当社工場で行い、準備作業と縫合作業とは福島合資会社や越石組など東京工場構内および構外の下請工場に協力せしめた。

毎月一日、十五日だけ休業、他は毎晩十時まで延長し、十五時間作業を強行した。

繁忙はしかし革具工場のみではなかった。これら革具製作の材料革や、日本製靴株式会社受註長靴五十五万足の材料革は当然本社の製革作業をまたねばならなかったし、更に戦争の進行とともに材料革の輸入は杜絶し、ロシヤ註文用の原料たる多脂革や軍靴製作のための靴底革、あるいは市中民間靴用としての靴底革等の註文は殺到した。

「大正五年頃僅か二〇〇枚位仕込んだタンニンなめしが、ロシヤの註文のふえるとともに六百枚、七百枚と仕込まれるようになった。それらは馬具弾入の材料用であって毎日九時頃まで仕事した。底革としては当時まだ一日七八十頭分位で、これらロシヤ註文用も、多脂とは云いながら靴のようなものであった」（増井提司談話）

（中略）

報知新聞は当時の千住の大景気を次のように描いている。

千住王子の大福々

北千住と王子は昨今素晴しい景気だ、毎朝七時頃になると千五六百の職工が雪崩を打って皮革、靴、羅紗の工場に押し掛けて行く、露西亜から靴、馬具、外套の註文が突如として湧いて来た結果此附近は不景気知らずの賑ひだ。

▲飲食店は人の山　月の十五日と晦日の後は北千住の日本皮革と日本製靴の工場、王子の羅紗会社附近の飲食店はドカ〳〵と職工連が詰めかける、米屋、酒屋の払ひが好い、家賃が滞らぬ、全国から入り込んだ職工で下宿屋は繁昌する、おでん燗酒屋の店頭は人の黒山だ、安値洋食店が又た人の山、聞いて見ると日本皮革会社で昨年十二月から二月末日迄に職工へ払った工料が十万円に達している。従って其隣の製靴会社も此《これ》以上の労銀を払ったから千住附近だけでも過去三ケ月間に廿万円以上の金が落ちた筈だ。

▲素晴しい賃金　日に二百枚位の牛皮を鞣したものが急に三百五十枚の皮革を仕上げる。其れが忽《たちま》ち靴や馬具となって間もなく荷造りされる。這麼景気は啻《ただ》に北千住や王子に止らぬ、日本製靴の京橋区月島分工場及び大阪南区船出町の分工場、市外大崎町桐ケ谷上の田中製革、大阪の東洋製革、東京木下川《きね》の明治製革、奈良守道製革所附近悉《ことごと》く職工を増した上に夜業を始めたので職工一日の賃金は平均一円は取る、五体の壮健で勤勉なる者は二円も取るのがある、

芝露月町の大塚製靴から朝鮮皮革迄活気が漲ってゐる(『日本皮革株式会社五十年史』日本皮革株式会社)。

第二次大戦中は、陸軍主計中将が山陽皮革の社長となり、軍の生産機構の一部と化した。徴用工や学生の勤労報国隊ばかりか、姫路市魚町の芸妓《げいぎ》全員が「女子艇身隊」として、生産に従事した。そして、敗戦前の六月には、川西航空機とともに、爆撃されて全滅する。

皮革工場の近代化

「目方で買って面積で売る」と山口総務部長がいった。面白いいいかたである。革の計量単位は、デシ(一〇センチ×一〇センチ)である。脂をそぎ落として引き伸ばす革生産のエッセンスが、一言で表現されている。

わたしは、シェービングという革の裏を削り落とす作業やネット張りという皮を引き伸ばす工程、それにロールアイロンで正面をやわらかにする仕事などを見学するようになって、肉をそぎ取ったあとの牛や豚の皮が、手塩にかけられ、美しい製品に仕上げられるのに、あらためて感嘆させられる思いだった。なにげなく着ている皮ジャンなどに、どれだけの人手がかかっていることか。

皮革の生産について、つぎのように指摘されている。

皮革の仕事は、明治以前までは誰もがその仕事にたずさわることは出来なかった。ところが、一八七一年（明治四）の「解放令」によって四民の職業は「同様タルヘキ事」ということになったので、それぞれ資本の介入により、山陽皮革、日本皮革、大倉製革、日本製革といった大手皮革会社が設立されていった。

これらの会社を設立するにあたって、その資本家達は、必ずといっていい程「部落」の人を利用し、その先棒をかつがせていた。つまり、部落の一部の人達の後に立って、まるで「リモコン」でも操作するかのように部落の大衆を動かしていったのであった。

たとえば、山陽皮革株式会社を起こした川西清兵衛も設立当時は本社を神戸におき、東郷町を工場として、Y・M（丸山芳介。引用者注）氏親子を介して、T町のT氏にかなり大幅な職権をあたえていた。

T氏は、神戸屠牛場から播但線京口駅へ運ばれてくる原皮を同駅から山陽皮革株式会社への約二キロの運送権や、原皮を鞣すとき廃棄物として排出される牛毛を肥料として同社から持ち出す権利を与えられ、T氏は部落の人達を雇用して、企業家として逐次その財力を伸ばしていった（高田寛明『つくられた差別の町―近代・姫路ある部落の歴史』解放出版社）。

職工の大部分が、花田村高木と四郷村上鈴の両未解放部落の者であったが、山陽皮革の労働は全部請負制で、出来高で計算されていたが、この制度は搾取の典型的なものであって、単純な労働者は出来高という目先の欲につられて、体のつづく限り労働を強化して収入を高めるのである。会社は他の業界の普通工と比較して時々請負単価を下げる。補うために労働を強化する、こんなことが繰り返されて全く血を売るような労働であった。

未解放部落の者は、差別の壁にとじ込められているので、何処にでも職業を自由に求めることが出来ず、部落外の仕事は日雇いか土方ぐらいのもので、多くの人は部落の中にひしめきあい、一部の人が伝来の皮革のささやかな仕事に、しがみついて狭い部落の中で激しいせり合いをつづけて、いつその競争から蹴り落されるかわからぬ不安な毎日であった。

それがため山陽とか北中とかへ勤めることは、最高のものであって一たび職を得たなればどのようなことがあっても放してはならぬと、非常に悪い労働条件にも耐えたのである。このような無気力な労働者にも頭をもたげようとする動きが時々起ったのである（「北中皮革争議史」前出『北中皮革争議・思い出すことども』）。

北中皮革の労働争議は、いわば、地域的、共同的な束縛を脱しようとした運動であったはずだ。その苦悩の闘争が二度も発生したことが、被差別大衆の精神的な強さをあらわしているようである。

静かな高木地区

いま、高木地区を歩いていても、当時の運動の激しさを想像すべくもない。静かで、人通りもすくない。パドルがゆっくりまわっていて、耳を澄ますと、水と皮が戯れている音がきこえてくる。市川の土手に、牛皮が敷物のように干されていた。洗濯もののように物干しに掛けられているのもある。それが地域に馴染んでいる安心した風景のようにみえる。ちいさな、工場ともいえない家内工場が軒をつらねてある。「皮革工業地帯」といえば、すこしおおげさにきこえるが、実際のところごく普通の生活風景なのだ。

たしかに静かな町並みだが、一歩屋内にはいりこめば、それぞれ、ひとびとが熱心にはたらいている。そとからみればひっそりして眠っているようにみえるのだが、皮を革に変えるための仕事はいまなお、長い歴史を受けてつづけられている。

皮革の町・西御着

西御着・皮革産業のあゆみ

花田町高木に匹敵する皮革産業の町が、御国町西御着《にしごちゃく》である。山陽本線沿いにあるこの地区は、四郷《しごう》町上鈴《かみすず》の枝村として明治期にできたもので、歴史は浅い。

大正時代は一一軒、との記録があるが、第二次大戦中に皮革工場が拡大されて、人口がふえた。それでも、敗戦当時は五〇～六〇軒、最盛期でも一五〇軒ほどだった。しかし、一時はその八割以上が皮革産業に従事していた、といわれている。大矢留一《とめかず》さん（73）によれば、「一〇軒に一軒は大矢姓」とか。

西御着の皮革産業の歴史は、「青革」とよばれていた、草履の裏革（底革）からはじまった。「山陽皮革」にはたらきにいっていたひとたちが、仕事をおぼえて帰ってきた、と大矢さんはいう。

山陽皮革までは、歩いて四キロたらず、市川の対岸である。

「地場産業、皮の産業はみようみまねでやっていくんで、製造のデータなどどこにもない。大きな鍋に松脂《まつやに》とパラフィンを溶かして、防水のため、皮を天ぷらみたいに揚げていた。靴底革につかっていたのだが、これは抜群につよかった。ところが、『天ぷら仕上げ』はコスト的に高くついたし、製品が長持ちしすぎた」と、大矢さんは笑っていった。

「すべて長持ちせんようにつくっとる」のだそうだ。軍隊時代の頑丈一点張りの軍靴の底革と昭和三〇年代からの底革とでは、まったくちがう。実用靴から流行靴にかわり、大量消費の商品生産になった、ということのようだ。

大矢さんは、白髪痩身、眼光鋭く、語調もつよい。皮革工場を大きくした自信があふれている。お宅は純日本風の豪邸である。

大矢さんによれば、小学校時分になって、タンニン鞣しがあらわれた。昭和のはじめごろのようである。そのころで、村に七、八軒の皮革工場があった。

しかし、「山陽皮革」が、日露戦争の捕虜であるムラフスキから技術を教えられて、タンニン鞣しの甲革や底革をつくるようになったのは、明治の四〇年代である。一方、そこからすこししか離れていない、御着の母村ともいえる上鈴村の宮本源三郎が、村内の同志たちと伊勢方面へ足をのばしたのは、明治三〇年ころだった。

「当時最新技術の方式であるタンニン鞣しを採り入れる調査であったようである」(『郷土百人の先覚者』兵庫県教育委員会)。くず皮によるタンニン鞣しの指導がはじまったのは、明治四〇年ころという。と、すると、地域ごとの技術の伝播に、かなり時間差があったことになる。

昔のタンニン鞣しは、タンニン（渋）のなかに、皮を三カ月ほどつけていたのだが、昭和三〇年代から、強引に二七日から二八日で終わらせるようになった。

「自然に鞣されるのではなく、強力に鞣すようになった」

製法が変わったことを、大矢さんはそんないいかたをした。

「天日干し」だった。休みの日に映画を観にいっていても、雨が降ってくると急いで帰ってきた。干している皮をしまいこむのにおおわらわだった。皮はタンニンを十分にふくんでいて重かった。

すぐちかくにある高木地区の革の歴史については、あとで書くが、高木は中世以来の、「塩と菜種油」でもみあげる、「白鞣し」の本場である。

しかし、御着のほうは、歴史もあたらしいので、クロム鞣しの「青底革」からはじまっている。「青皮鞣し」は、原皮を水漬けして毛抜き、毛がき、クロム液浸透、中和と工程が多い。

西御着の工場ではたらいていたのは、村のひとたちばかりではない。村内の皮革工場にむかって、播丹線や姫新線で通ってくる労働者もふえていた。

前出の『兵庫県皮革産業の歩み』によれば、一九三七年からはじまった日中戦争が拡大されるにしたがい、「御着四郷」地区では、政府指導によってつぎの五つの企業に統合された。

① 水瀬製革所グループ‥水瀬富太郎・水瀬源吉を中心に海軍指定工場として設立し、監督官として海軍大佐が常駐していた。
② 旭皮革グループ‥西山春次を中心に陸軍指定工場を設立。
③ 関西皮革グループ‥西山勝次、西山豊次を中心に陸軍指定工場を設立。
④ 川口、前田グループ（後に昭南皮革となる）‥川口菊太郎、前田音吉を中心に民需品製造を主として、設立。
⑤ 宮本展革工業グループ‥宮本達夫を中心に、民需品製造を主として、設立。

これでもあきらかなように、皮革工場は重要な軍需工場だった。だからこそ統合させられ、軍人が常駐することになった。が、敗戦によって解散、また個人企業にもどった。

「鶏口となるも牛後となるなかれ」

大矢さんは、小学校高等科を卒業してから、父親の皮革工場ではたらくようになった。弟妹七人、そのうちの男三人ともに皮革工場を経営している。息子さんふたりにも皮革工場を経営させたのは、大矢さんの方針である。兄弟三人、息子ふたりで、五つの工場がある。

それぞれ、厚みや大きさのちがう革をつくっている。商社の注文にあわせた、多品種少量生産である。兄弟や子どもを一つの工場に集めた同族会社にしなかったのは、大矢さんが、「鶏口《けいこう》となるも牛後《ぎゅうご》となるなかれ」の故事にしたがったからである。

人間、大きな組織のなかにいてはいけない。それに兄弟がおなじ経営陣にいると、その息子たちに与えるポストに行き詰まってしまう。それぞれが一国一城の主になってがんばる。リスク分散の考えかたもあるようだ。

「親戚などでも、サラリーマンはひとりもいない」というように、大矢さんの一族は皮革業に従事している。これまでお会いした、皮革工場の経営者のお宅はそれぞれ立派なものだったが、大矢さんのお宅も石垣の塀をめぐらした純和風づくりである。それがこれまでの好景気をしめしている。

大矢さんが父親の経営をひきうけたのは、一九六七年、四三歳のときだった。このとき、「大矢製革所」は一五、六人の従業員だった。まわりもそれぞれ皮革工場である。西御着では全国の「底革」の七割を生産している、といわれていた。

が、六五年ころから、合成皮革の靴底が普及して、厚いタンニン底革の生産は打撃を受けた。いま、この地域では、本革、甲革、ハンドバッグや鞄用などの革工場に転換、一三、四軒になる、という。それ以外にも、下請けや関連のにかわや油脂工場などがある。二五年ほど前の最盛期には、バンドナイフで分割するスプリッティング、裏を削るシェービング、ネット張り、仕上げ、運送などの関連産業までふくめると、一五〇軒にもなっていた。

仕上げ作業は、牛乳、牛血、卵白などに染料をいれて塗装し、ガラスの玉でガラガラ磨いた。いまは、シンナーやロールで磨いている。

大矢さんの話をきいていて、卵白のことで思い出した。若いころ職場で出会った同僚が、高卒後、皮革工場ではたらいていた。工場に卵がふんだんにあった。

卵白の残りの黄身を食べていたから、太ってしまった、と弁明するのをきいて、うらやましく思っていた。その工場は世間と逆で、卵白が主で、卵黄は従だったのだ。

大矢さんは、不況にそなえて、それぞれの工程を独立させ、分業化した。土曜も日曜もなく、朝から夜まではたらいて、仕事をこなして間にあわせる。大矢さんの会社は、ハンドバッグや鞄用の革をつくっているのだが、ピークのころにくらべると、売り上げは六〇パーセントに下がっている、という。

西御着の歴史

西御着の歴史について、水瀬《みずせ》皮革の水瀬富雄社長は、つぎのように語っている。

君達の中で皮革産業に関係ある人は、いますか、ある人は手をあげて下さい。(二一人中一六人の手があがる)。殆んど皮革に関係があるのですね。西御着は皮革の産業がありますこれが地場産業です。君達の父兄が上鈴から御着へでてきて今の西御着が形成されました。西御着は、もともと御着の地であります。

次は、私が見たり体験した昔話をしながら西御着の歴史のお話しをします。昭和二〇年代は、たいへんな混乱の時代でありました。餓死者もでる状況でありましたが、西御着は他の地域と比べるとめぐまれた状況にありました。戦争中・西御着にあった皮革企業が統合され五つの企業に集約されました。これは、軍隊の命令によるものです。

そして軍隊で使う皮―くつなどをつくっていました。戦争が終わっても原料が残っていましたのですぐ皮革の生産ができ他の地域より終戦後の混乱時、めぐまれていました。それは、皮革産業があったからです。そして、終戦後、それぞれの企業が独立してやりだし各自商売をはじめました。

昭和二六・二七年の朝鮮戦争の混乱期に皮革産業の基礎ができました。それは、君達の祖父、お父さんの努力のたまものです。（中略）

昭和三〇～四〇年、倒産もあり、皮革の価格も下がり、経営は苦しかった時代です。昭和四〇年～五〇年、この一〇年で西御着の村は、りっぱな村になりました。それはクローム皮の生産にのりだし、クローム皮革の生産地として形成されたのです。昭和四一年、底革からクローム皮に転換したのは君達のお父さんの不断の決意と努力でこんなりっぱな工場ができたのです

（『地域の歴史と地場産業にまなぶ』姫路市西御着自治会他発行。一部改行は引用者）。

若い後継者たち

「景気のいい時代はどんな感じだったんですか」と聞くと、大矢さんはすこし早口になって答えた。そのころを思いだしたのだ。

「朝はやくでて、若い衆と仕事の段取りをして、晩になってやれやれ、日曜日は休もうか。そのころは、よその業界がどうの、鉄鋼がどうの、造船がどうの、などと考えたことはない、自分とこの仕事だけ。仕事をこなすのが目いっぱいやった」

社長といっても、長靴を履いて、先頭にたってはたらいている。姫路の皮革産業が強いのは、自己資本でやってきたことだ、と大矢さんがいう。

銀行に冷遇されていたし、商社の手形の期間は長かった。それで必死の思いで貯蓄に努力し、設備投資は自己資本でやってきた。借金はない。だから、不況に強い体質なのである。

たしかに、皮革産業もまた不況にはちがいはない。が、それはおもに在庫を抱えた商社などのことで、皮革メーカー側には、じいっと待っているだけの余裕がある。社長が率先してはたらいてきた業界の強さである。

皮革業界が低迷しているのは、消費が減ったというよりは、靴や鞄など、ブランドものの輸入品がふえたからだ。これからはバブル時代のように、高級品志向がつづくわけではない。円安は原皮の輸入価格に影響するばかりでなく、輸入ブランドものの価格を硬直させる。

皮革業界は、いますぐどうなるというものではない。といって、これから、三人いる男の孫たちで、父親たちのあとを継ぐのはどれだけいるか、それが大矢さんの心配のようだ。

大矢さんの工場は、長男の新八さん（46）があとを継いでいる。次男の康生《やすき》さん（44）は、父親の工場のちかくに四年前、「大新産業」を創業した。

工場の面積は五〇〇坪、工場設計などにこれまで蓄積した経験が投入されている。たとえば、鞣し用のドラムなどは、部品をイタリアから輸入して、自分で組み立てた。

康生さんは、高校を卒業してからイギリスの単科大学で二年間、皮革について学んできた。従兄弟たち五人も、やはりイギリスで勉強した。この地域の若い後継者たちが、国際的な感覚を磨いてきていることがよくわかる。最近は、「留学組」がもっとふえている、という。

康生さんは、父親の留一さんの工場で二〇年間はたらいて、独立した。父親のいうように、「鶏口」になったのである。

見学した「大新産業」の工場は、整然としていた。天井にまるで満艦飾のように、牛皮が干されている。ロープでつりあげられているのだが、景気がいいようで、壮観である。

工場建屋も機械設備も無借金でつくった。父親の援助でもあるし、これまではたらいてつくった資本ともいえる。タンナー（製革所）は、これまでの好景気のあいだに内部蓄積を高めていたが、問屋に経営不安の噂がでたりしている。円安で原皮が一枚あたり八〇〇〇円から九〇〇〇円にあがったりしているが、それぞれの問屋の輸入条件の差などが影響しているようだ。

「大新産業は、皮ならなんでもあつかう」と康生さんはいう。中心は靴革と袋もの。厚物を得意としている。これからは、二次製品に進出していく方針で、靴革の加工ばかりではなく、部品をあつめての組み立て、注文に応じての裁断、そして、デザインまですすみたい、という。

社名を「製革所」とせず「産業」としているところに、皮革の総合メーカーに賭ける、康生さんの夢がこめられている。

昔は、革だったなら、なんでも売れた時代があった。が、バブルのあいだにブランド品が大衆化するようになって、買い手の眼も肥えてきた。それに靴などは、日本が指導して生産してきた中国などからもどんどんはいってている。

それで殿様商売とはいかないようになってきた。それでも、若い経営者で、この困難な時代に積極的にたちむかおうとするひとたちはすくなくない。大矢さんもそのひとりである。

多様だった革製品

松本信太郎さん（80）は、「松本兄弟皮革工業所」の「代表者」である。兄の浅次さんと、戦後まもなく皮革工場をはじめたのが、社名に遺されている。が、浅次さんは二一年前に他界した。だから、残念ながら、せっかくの兄弟会社はひとりになってしまったのである。

浅次さんが他界したころ、一〇〇軒ほどの皮革所が軒をならべていた。この地域は底革が専門だったのだが、その厚さは一五ミリから二〇ミリほどもあった。いまはせいぜい五ミリだから、いかに頑丈だったかがわかる。

水牛の皮も加工していた。工業用ミシンのベルトなどにつかった、という。旋盤のベルトにもつかった、というのをきいて、突然、わたしは思い出した。

わたしがはじめて、青森県の郷里から東京にでてきたのは、一九五七（昭和三二）年の三月だった。そのときはたらいた町工場の旋盤に、革のベルトがつかわれていた。あれが水牛だったのか、といまはじめて思い当たったのである。

古い旋盤があった。それを動かす動力源は、天井に渡された鉄の丸棒で、その鉄棒にプーリーとよばれる滑車がついている。天井の滑車と地上の旋盤とを結びつけているのが、幅のひろいベルトだった。

スイッチがいれられてモーターがまわりだすと、滑車が回転する。回転する滑車に、旋盤についている皮のベルトを投げるようにして懸《か》けてやると、滑車の運動が旋盤に伝えられる。すると、旋盤がまわって、ベルトが回転する力を動力源として鉄が削られる。

仕事が終わると、木の棒で回転しているベルトを横に押してやる。と、ベルトは滑車からはずれて静かになってしまう。ベルトを滑車からはずしておくのは、革を休ませて伸びないようにするためだ。

革製品にはずいぶん多様な用途があった。が、代用品ともいえる、人造皮革（クラリーノ）がでてきて味気なくなった。革はつかうにしたがって手ざわりがよくなり、手に馴染んでくる。松本さんが自転車のサドルも革でつくっていた、というのをきいて、そうだった、とまた思いだした。犬の首輪や電車の吊革もそうだ。「吊革」はいまは名前だけ「革」になってしまったが、当時はひとの安全にかかわるものなので、特別に吟味してつくられた。「大阪帯革」がほとんどをつくっていた、という。

いま、まだつくっているのは、警察官の儀式用の拳銃ベルトとか。自動車のシートも革だ。アメリカの「モータウン」とよばれた、デトロイト市を取材したとき、フォードは革工場ももっていた、と聞いたことを思い出していた。

松本さんは、血色がよく、耳も達者、声にも力があってお元気そうである。いまでも現場にでている、というのが、健康の秘訣かもしれない。もちろん、いまは息子さんの代になっているのだが、工場の敷地には、木造の建屋が何棟もたちならんでいて、往時の盛況ぶりを想像させた。

それが、革製品が代替品に追いたてられてきた歴史をも示している。

「革がほかの領域にあらたにはいる、というのは、もう不可能やろうな」と、松本さんは達観している。「アメリカ経済は革の需要が多いから、よそまでまわらん。日本は円安で、前よりたかく買わなならん。その値段で外国に輸出できればええけど、冷え切った国内市場が相手やからどうにもならん」。

皮革が、国際経済と密接につながっている、市況に敏感な商品であることを、松本さんとの会話であらためて教えられた。

戦後の混乱期と隠匿物資

戦後の状況について、『兵庫県皮革産業の歩み』などに、つぎのように書かれている。

特に皮革業については、製革原料である原皮が不足した。ことに海外牛原皮の輸入が止まってしまったことが、革生産の復旧を阻害した直接的な原因とみて間違いない。

GHQ（連合軍総司令部）は「ヤミ靴がなくならない限り原皮の輸入は許可しない」という方針であり、業界は反対に「靴材料が出回ればヤミ靴は自然に姿を消す」と主張したが、言い分は通らず皮革の生産再開の見込みはたたなかった。

終戦から二週間ほど過ぎた九月二日、GHQ指令第一号の「軍需品生産停止指令」によって、多くの皮革工場は一か月ほど操業停止となった。九月二六日の「軍需品処分命令」、ついで九月二八日の繊維・金属・トラック・皮革などの「軍需資材の民需使用許可指令」によって、皮革工業は、新たに民需産業あるいは平和産業として再出発することになった。しかしながら極端な原料不足が続くなかで、いざ民需産業への転換といっても、その前途はむしろ暗いものであった（前出『兵庫県皮革産業の歩み』）。

終戦後、旧軍の保有物資いわゆる「特殊物件」の処理は昭和二十年の九月頃から始められ、その処理に直接当たったのは内務省であった。内務省内には調査部が設置されて、軍からのリスト移牒によって、各種の重要物資の処理に当たった。その物資によって関係先に筋さえ通ればどんどん払下げていった。

皮革類については、皮革統制組合をしてその接収に当たらせた。関東地区では、国定村、川越、丸子など、その間に幾多のトラブルがあったものの、比較的に円満な接収がすすめられてきた。

ところが、栃木県豊岡の物件革については、少くとも中央に於ては話題にものぼらなかったという。それが、昭和二十年の十一月、内務省で開かれた特殊物件皮革関係連絡会議の席上、当時の商工省工務局化学課佐枝氏が、次のような発言をして、関係者をびっくりさせた。

「栃木県下の軍製靴工場跡に、その原料革が山積している。この処分については、現地残存機関は然るべき関係当局に移譲されることを希望しているものの如くであるが、これについては一度業界の意向も聞く必要もあり、とりあえず、現地視察が先決であろう」と。

ということで、当時の商工省皮革主任の大森技師、皮革統制組合の芦沢氏、機械靴統制組合の八代常務等を現地派遣することを決めた。

一行は早速、東武電車の鬼怒川行きで、山間の小さな駅へ降りた。田舎道を二キロほど歩いたところに、白樺と樫の木の森林があり、その山中に点々と家屋があって、ここが名実ともに赤羽被服本廠《ほんしょう》を再現した軍需工場と知って驚いた。

ここは、桶川や国定村等のように、単に作業衣や軍靴などの集積地というのではなく、鞣製機械、製靴機械、ミシン、変電所、その他軍靴工廠として必要な一切の設備があり、数百人にのぼる女子挺身隊を含めての大工場であった。

したがって、ここには原皮、タンニン剤、丸革、繊維等の資材が山積していた。これだけの資材や諸機械等が疎開してきた光景は、当時の土地の人々の語り草になっていた。数百台のトラックが、来る日も来る日も土けむりを上げて、荷物を満載して山の中へ消えて行くとあって、村人たちは何事かとささやきながら、目を見張っていたという。

あまりにも莫大な量の諸設備や資材であり、その接収には運輸省が当たることになり、栃木県との間で、接収交渉が始まった。が、接収技術上の問題ばかりでなく、利害もからみ合って容易に妥結しなかった。運輸省ばかりでなく、内務省、商工省それに関係統制機関などが、何回も現地会議を開いて、やっと接収が具体化したのは翌二十一年の春であった。諸機械や五十万足分の皮革や副材料は鉄道で東京へ運び、現地栃木県靴業者に五万足分の原材料を配分し、とにかく一切は皮革統制組合が接収して、配給することになった。(皮革タイムス昭和二十二年九月)

この他にも、二十二年九月十二日に群馬県安中町の冷凍倉庫から〝隠匿皮革〟が発見されている。群馬県警察部と発見者である埼玉皮革協同組合及び皮革製品貿易協会によって摘発されたもので、その内容は、牛生原皮三千枚、羊生原皮二千枚であった。

この原皮は終戦直後の二十年八月二十日、軍の手によって東京被服廠から貨車十三輌に原皮を満載して安中の冷凍会社へ運んだものである。他日その中の十車輌分の原皮は再び某所へ運び去られ、残り三輌分が故意か忘れられたのか、そのまま二年間も冷凍倉庫の中に放置されていたものであった(皮革産業沿革史編纂委員会編『皮革産業沿革史下巻』東京皮革青年会)。

戦後は靴どろぼうが横行した。玄関先に脱いでいた靴が忽然と姿を消してしまうことなど、めずらしくなかった。それは原料である革製品の払底《ふってい》がもたらしたものだったのだ。当時ヤミ物資としての革を買いもとめるブローカーが、村にやってきたエピソードは、数多く残されている。

敗戦のあとは、半成品の革を売っていただけだが、岡山などからも靴屋の奥さんが修理用の革を仕入れにきたり、家の前にひとだかりがしていた。べつに宣伝していたわけではない、クチコミである。食料難のときなので、さつま芋などを交換用にもってくるほど、売り手市場だった。

このころは、牛、馬、豚、羊の皮のほかに、鯨や鮫皮も材料にされた。わたしはサハリンで、鮭の皮でつくられた人形を買っている。

やがて、この地域も底革から甲革に代わった。底革はいまでは、メキシコ、スペイン、ブラジルなどからはいるようになっている、という。

第一次製品としての革生産の低下にともなって、工業用革・靴などの革製品の生産回復も遅れた。ベルト、パッキング、ピッカー等工業用革は、産業再建のために必要不可欠といわれていた。一九四七年度の最低需要量は七三四〇トンと計上されたが、実際に充足されたのは、全需要量の一五パーセントでしかなかった。

仕事一筋に

皮革の統制が解除されたのは、一九五〇年だった。が、その後も物資不足はつづいていた。

「大阪からきたひとは、まだ皮を乾燥させているうちに、自分の会社のハンコをポンポン押して、買い占めていった。極端なのはね、まだ鞣しの槽にはいっているのに、半分、おかね置いて帰ったな。そんなこともあったな。いまはその逆や。在庫をなん年分ももたんとあかんようになった」

ズック製のスニーカーが、二万円もしているのに、革靴が五〇〇〇円だったり。立場がまったく逆転してしまったのだから、松本信太郎さんが嘆くのは当たり前である。

靴メーカーは、四〇年ほど前から、韓国に技術をもっていって靴を生産するようになった。そればかりでなく、原皮をアメリカで買いつけた日本の商社が、韓国の財閥系企業のかわりに決済して、韓国へもちこんでいた。その韓国製も賃金が高騰するようになって、中国へ工場を移転した。

わたしも、八〇年代に、フィリピンでスキー用の手袋をつくっている日本企業の工場を見学したことがある。この業界も激しい国際化の波をかぶってきた。

松本さんは、小学校二年生ころから、学校がひけると、よその工場へいってはたらいていた。村には一〇軒ほどの皮工場があった。ちいさい子どもたちがする仕事とは、日本皮革や大阪帯革などが断ち落とした、ペーリー（腹の皮）や首の皮などの発生品を買ってきて、下駄のつま先や草履の裏に張る革をつくることだった。

どこの工場でも、皮を乾燥させるために板張りする、子ども用のちいさな板があった。それに子どもたちが皮を張ってはたらいた。松本さんは二〇歳で徴兵され、姫路の砲兵隊に入隊、「満州」などで八年も兵隊にとられていた。

「お百姓はコメをつくってひとの役にたつ。それがたべていくもとやし。おたくさんが資料調べて

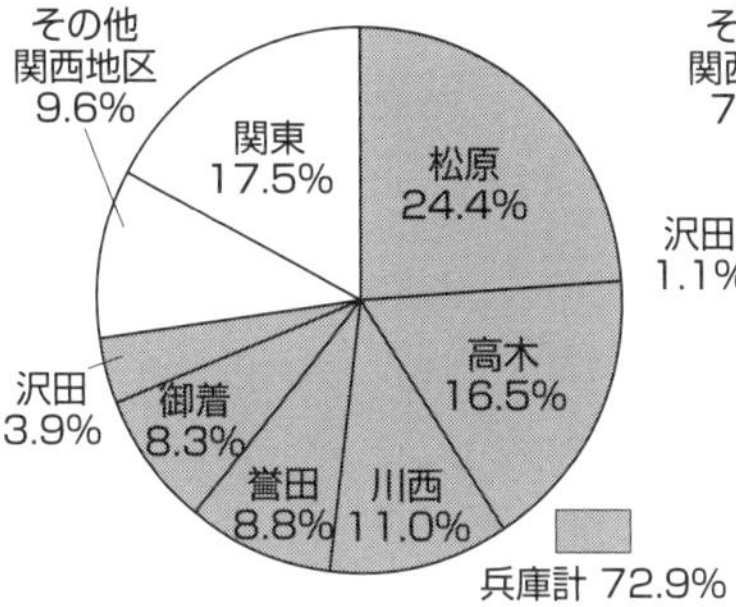

成牛革の地域別月産枚数
（全国合計 50.9 万枚）

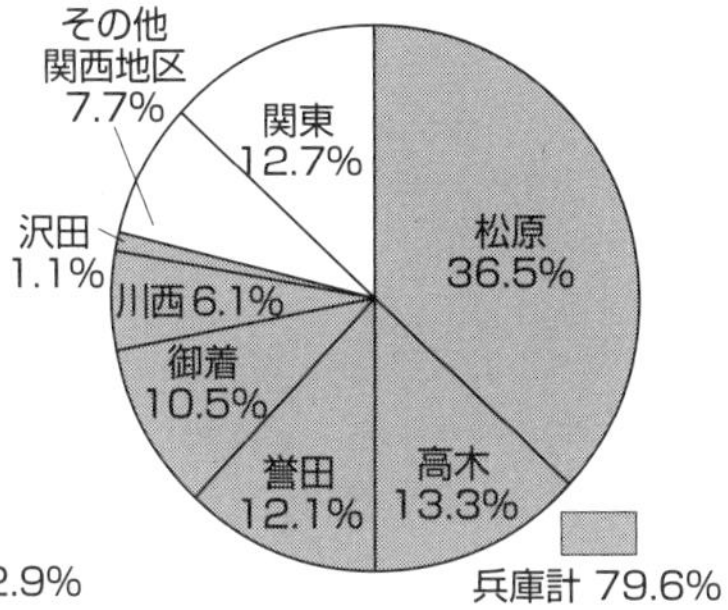

鞄袋物用革
（全国合計 18.1 万枚）

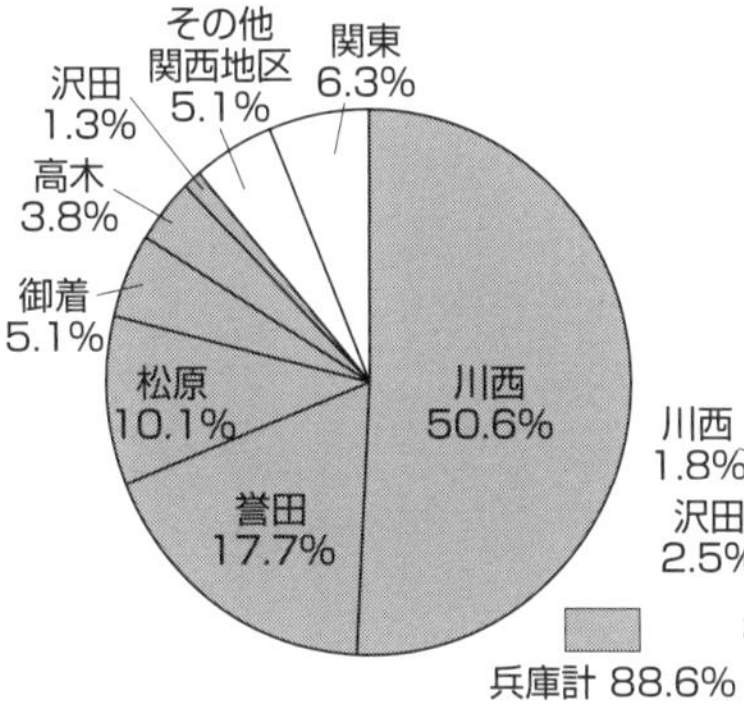

服飾用革
（全国合計 7.9 万枚）

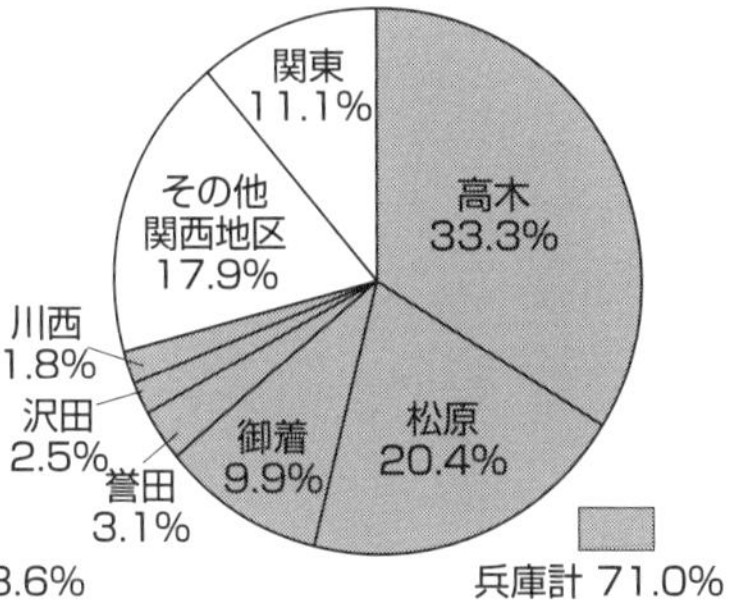

靴用革
（全国合計 16.2 万枚）

（『兵庫県皮革産業の歩み』より）

書いて、それを読んで考えるひともおるし。みんな職業をつうじて奉仕してきたんとちがいまっか。ひとりではぜったいに生きられん、なんぼえらいひとやっても」

　松本さんは、あかるい笑顔のご老人である。仕事一筋に、やることをやってきた自信が、このようなことをいわせるようだ。

　なお、一九九五年の統計によれば、兵庫県

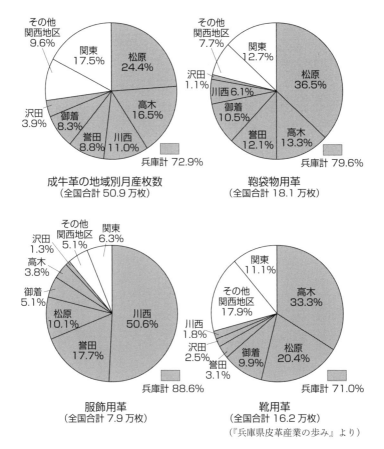

の皮革業界の生産は、成牛革の約七三パーセント、馬革一〇〇パーセント、中小牛革約二五パーセント、床革で約六〇パーセントを占めている。たとえば、円グラフでみると、前頁のようになっている。

また兵庫県は、全国の牛皮革の七割を生産している。このうち高木地区が松原地区と並ぶ二大生産地帯である。

革にはさまざまな種類がある。それぞれ、原料の皮によって、異なった製品となる。兵庫県皮革産業協同組合連合会では、つぎのようにまとめている。

牛革

靴、鞄、バッグ、衣服、手袋、ベルト、インテリアやカーシート等に利用され、あらゆる皮革の中でもっとも用途の多いのは牛革です。このように、もっとも一般的な皮革であるといえる牛革ですが、原皮そのものは、約八五％をアメリカ、オーストラリアを中心とした海外からの輸入に頼っています。

原皮には、産地、性別、年令によって品質にかなりの差があり、次のように区別されています。

●カーフ…生後約六ヶ月以内のもの。小判薄手で、銀面は平滑でキメが細かく、最上質の革です。

●キップ…生後約六ヶ月から一年余のもの。カーフよりもやや厚手になり、強さも増します。使い易い上質の革で、最近は特に人気が上がっています。

●カウ…生後二年以上のメスの成牛の皮。ステアよりもキメが細かいが、ステアやブルほどの厚みはありません。

●ステア…生後三〜六ヶ月以内に去勢したオスで、生後二年以上の成牛。厚みが比較的安定しており、品質が安定しているため、最も需要の多い革です。

●ブル…生後約三年以上のオスの成牛。最も厚みがあり、繊維組織も発達しているため丈夫なものに向いています。

●地生《じなま》…国内産の成牛。生皮のままで取り引きされるところから地生とよばれます。大きさは、輸入物とほぼ同じですが、銀面は傷がなく、きれいです。

山羊皮

ゴートと呼ばれ軽くソフトな感覚が好まれ、衣服、手袋、靴甲などに用いられます。特に子山羊のものはキッドと呼ばれ、キメの細かい最上質の革で高級婦人靴や高級婦人手袋などに多く使われます。

羊革

シープと呼ばれ、山羊革に較べて、多少丈夫さに欠けるが、皮革のなかでは最もソフトです。薄く、やわらかなので、主に衣服や手袋、袋物などに用いられています。特に子羊のものはラムと呼ばれ、柔軟性は抜群です。またインド産羊革は、その革の優秀性が世界的に認められています。

ピッグスキン豚革

牛革についで利用範囲が広く、鞄、袋物、ベルトをはじめ、靴の甲裏革や衣料用革として用いられます。少し固いが摩擦に強く、丈夫な革で、外国へも多量に輸出されています。

馬革

銀面が、多少摩擦に対して弱い欠点がありますが、薄く柔らかいため、主に靴の裏革に用いられます。馬革の尻の部分は、繊維組織が緻密で、光沢が美しいので、特にコードバンと称して珍重され、靴、ベルト、時計バンドなどに使われます。

カンガルー革

丈夫でしなやかで、伸びて変型することもないため、高級靴やスパイクシューズなどに使われます。

鹿革

鹿の革を動植物油で鞣したものをセーム革と呼んでいます。水洗いが可能で、ガラス拭き、高級手袋、袋物、ガソリンのろ過などに用いられます。

オーストリッチ

ダ鳥の革。羽跡が丸く突起して、革の表面におもしろい模様があるため、珍重されます。高級な袋物、ベルト、靴、草履などに用いられます。

ハ虫類

ワニ、トカゲ、ヘビなどのもので、いずれも革の模様が珍重されます。高級な袋物、ベルト、時計バンド、靴、草履などに用いられます。

皮革産業を支えたひとたち

皮は生きもの

川崎幸八さん（72）が、皮革工場ではたらくようになったのは、戦後四、五年ほどしてからである。近所のひとたちの多くは、北中皮革や山陽皮革ではたらいていたので、皮革工場はなじみ深かった。はいったのは五、六人の工場で、そのころは、いつでも、どこでもはいれたのだ。

高等小学校を卒業したあと、川崎さんが最初に勤めたのは、神戸製鋼だった。養成工としての入社だったというから、成績優秀だったのであろう。三年間は現場と学科が半々だった。職場は潜水艦に搭載するエンジンの配管部門だった。五年ほどはたらいているうちに、敗戦になった。

神戸は空襲を受けて、壊滅状態になっていた。それで姫路に帰ってきた。五反ほどの田んぼがあった。それを耕していた。男ふたり、女三人兄姉の末っ子だったが、「満州」に出征していた長兄は、消息を絶ったまま戦後四、五年してから戦死の報《しら》せがとどいた。戦争が終わったあと、八月二〇日の戦死だった。

ほそぼそとコメをつくっているだけでは、現金がはいらない。それで、歩いて四〇分ほど離れた高木地区に通うようになった。そのころ、賃金がたかかったのは、土木作業と皮革産業だった。知り合いのいる工場にはいった。

原皮を石灰づけにして脱毛し、鞣して、仕上げる。その全部の工程をやっていた。すべて人手で、鞣した皮は板に釘打ちして張りつけ、陽に干した。一日に一〇枚か二〇枚を張った。

「皮は生きもののようなものや。くすりの使い方や石灰の浸透の仕方をみるのは、カンでする」

皮に触ってみる。仕上がった皮が売り物になるかどうか、すべてカンで判断する世界だった。

せまい高木地区のなかでも、三〇〇軒ほどの皮工場があった。太鼓（ドラム）を一台買って、自分の家で仕事をはじめることもできる。そんな家内工業（川崎さんは家庭工場というのだが）が軒をならべていた。

いまでも、道を歩いていて、空き地にふるい太鼓が、投げ出されたように置かれていたりするのが目につく。人間関係や賃金の不満があったりすれば、ひょいとまた別の工場に移る。それはごく当たり前のことで、なんの不思議もなかった。前の勤め先のひとと顔をあわせても、べつにバツのわるいことはなかった。九州の筑豊炭坑もそうだった、と聞いたことがある。

「おれんとこいや」で、つぎの日から隣にうつる。労働者は自由だったのだ。

しかし、川崎さんは、最初のところに二年、つぎのところが二〇年、つぎに一〇年もいたというから、義理がたいひとのようだ。皮を伸ばす機械に手をはさんだり、太鼓にひっかけられて死んだひともいる。事故はすくなくなかった。

「川崎さんは、ご自分で独立しようとは思われなかったのですか」

わたしは、聞きにくいことをきいた。

「やっぱし、どないいっていいかな。もちろん、そういう力もないしするけど、資金や場所（土地）がなかったら、どうもならん。原料代とかもあるし」

ブローカーが五枚、一〇枚と原料をもってきたりする。それで独立して成功したひともいる。失敗して借金を踏み倒すひともいる。それでも、また仕事を回してもらえることになる。夜逃げしたりせずに、おなじところでまた商売をはじめている。失敗したひとに優しい気風がある、ということのようだ。

事業欲があるひとは商売をはじめ、資本金ができなかったり、ややこしいことをしたくなかったひとは、労働者としてはたらいてきた。

自営していても、太鼓をまわしたまま、遊びにいってしまって、帰る時間を忘れ、帰ってきたときには、太鼓のなかの皮が豆腐のようにやわらかくなっていた、という失敗談もある。この街には、独立をめぐる成功談や失敗談が無数にあるのであろう。

「ずうっと、皮産業ではたらかれてきて、どんなことを思われますか」

「しんどいときもあったけど、皮っておもろいな、と思います。さっきもいったように皮は生きもので、どうするかによって、仕上がりがちがう。そのとき、そのとき、変わったものになる。くすりの調合とか、いろいろの条件がある。職人によってやりかたがちがうし、おなじものができるわけではない」

産地の気候、風土によって、皮の質がちがう。雄と雌とでもちがう。さらに季節によっても、たとえば冬の皮と夏の皮がちがう。「神秘的なとこがあるわけや。原皮そのものが」と川崎さんは、不思議そうにいう。手工業生産だから、均質ではない、ということでもあろう。

製品になったときの艶のでかたとか、感触がちがう。塗料のつかいかたや仕上げかたがちがう。それぞれの皮屋には、得手、不得手があった。

皮革工場地帯として

小さな業者が乱立していて、共食いになったきらいがないわけでもない。いまはかつての三〇〇軒が一二〇軒になった。それぞれの得意性を生かして、分業化して残っているひとたちが多い。大きな工場でも、設備の一部をつかって専業化しているところもあるし、工程の一部だけで、独立しているところもある。地域全体がひとつの皮革工場地帯、広大な皮革産業の裾野のなかにもぐり込んでいる、ともいえる。

先導役をつとめてくださっている、部落解放同盟高木支部の大矢隆博書記長によれば、「日本産業のいいところを凝縮しているところでもあるし、わるいところを凝縮しているところでもある」となる。資本主義的な、合理性一本槍だけではない、ということであろう。

賃金は親方の胸先三寸で、失業保険、厚生年金などはなかった。それで定着率がわるかった。最近では、外国人労働者がはいるようになった。ベトナム、フィリピン、ナイジェリア、イランなどのひとたちがはたらいている。

「底辺での国際化です」と大矢さんがいう。ベトナム難民を大企業は採用しない。差別されたひとたちが、ここで身を寄せあってはたらいているようだ。六〇年代の「エネルギー革命」のとき、北九州の筑豊の廃坑地帯から、「マルタン」とよばれた失業者が流れこんできたこともある。

高木の皮革産業史

高木地区は、鞣《なめし》革の産地として著名である。一九四五年、全国の牛皮革生産の六割を兵庫県が占め、そのうちの六割を高木地区が占めていた。その歴史は、白鞣革の生産からはじまっている。日本の製革技術は、渡来技術だった。『播磨風土記』に、御宇天皇が高木村近郊の「夢前丘」に登って前方をみたとき、「白き物あり」といった、とある。「熟皮《なめし》（白鞣革）」をみてのことだったのだが、お供のものが「高き処より流れ落つる水也」といいくるめたのは、皮や骨を高貴の眼に掛けるのは、恐れ多いからだった、という（『花田史誌』）。

とすれば、このころすでに、皮革の生産にたいして、賤視があったことになる。その後について、『花田史誌』には、つぎのように書かれている。

斯《かく》の如く姫路革は、元亀天正の戦国時代にも武具（鎧《よろい》、甲冑《かっちゅう》）武器袋物として重宝され、爾《じ》来《らい》連綿として徳川幕府の御用をも務め、領主は国産として姫路革の製造を奨励せられて之が遂行の任に当られたる。菅治平へ尽力の功に依り苗字帯刀を許されたので、当時頂戴したる朱鞘の銘刀は、今尚《なお》同家に大切に保存せられているとの事である。

往事は全生産額悉《ことごと》く内地に於て消費せられ、主なる用途は武器武具用とし、袋物、文房具、鼻緒、下駄、向掛等に使はれて居つたものであるが、明治十九年旧姫路藩士高須泰造、高木村の有志と謀《はか》り初めて海外に輸出せんと計画して、毎年見本を海外に送ると共に我が国に在留する外人にも交渉して、種々発展策を講じ、米国に開かれたるコロンブス世界大博覧会に出品せるところ、幸に欧米人の注目するところとなり、初めて神戸在留外人の手を経て少額の輸出注文を得るに至り、爾来少額宛《ずつ》輸出することとなつて、此処《ここ》に国産白鞣姫路革の世界的名声を博する檜舞台に登場する端緒《たんしょ》を得たものである（前出『花田史誌』。句読点、ルビは引用者）。

「革の王国」ではたらく

高木地区の高台から、西南の方向に姫路城の天守閣がみえる。川のむこうが「城下」である。高木地区を守るかのように蛇行して流れる市川が、いわば皮革の生産手段でもあった。

この川水を母として生み出される姫路の白鞣革は、石灰を使用することなく、市川の流水に身を任して晒《さら》されて脱毛し、食塩とわずかな菜種油のほかに、鞣剤をつかうことはない。あとは、戸板に張ったのち、乾燥と革揉《も》みを繰り返すだけである。

これによって、抗張力が強く、かつ純白美麗にして柔軟な鞣革が生産される。

市川に架かる高木橋をつたって、多くの労働者が、この「革の王国」に流れこんだ。川崎幸八さんもそのひとりだったし、その友だちの前田松雄さん（70）もそうだった。

川崎さんは播但線沿線の市川町から、前田さんはその手前の福崎町から、播但線に乗って野里駅で下車、そこから歩いて高木の工場へやってきた。

前田さんは、高等小学校を卒業したあと、学校から推薦されて、軍需工場だった「北中皮革」に就職した。北中皮革は駅から歩いて、川の手前にある。おなじ学校から、五、六人がいっしょに採用された。そのころで労働者は四〇〇人ほどだった。このあたりでは、「山陽皮革」と並ぶ大企業である。

憲兵が製品の持ち出しを監視していて、「恐《おと》ろしかった」とか。長兄は水平社運動で活動した人物だったが、会社はそこまでは調べていなかったようだ。

仕事は仕上げの見習いだった。カマボコ板に毛布を釘で打ちつけたような刷毛《はけ》で、黒や茶やチョコレートなどの塗料を革に塗っていた。刷毛は「てれんぷ」とよばれていたというのだが、「手練布」とでも書くのだろうか。

戦争の末期、土曜日だった。昼までで仕事を終え、いつものように野里駅から汽車に乗って、二駅むこうの仁豊野《にぶの》駅にさしかかった。と、米軍のグラマンが二〇機ほど、列車にむかって迫ってくるのがみえた。機関車がやられて止まった。山にむかって逃げながら、子どもを背負った主婦が撃たれるのをみた。

ちかくの山陽皮革が爆撃された。門が閉められていたので、逃げ遅れて死んだものが出た。山陽皮革は全滅したので、そこにあった原皮や半成品は、軍隊の命令で北中皮革に移された。まもなく、敗戦になったので、北中皮革は丸儲《もう》けだった、とは前田さんの話である。

軍用機の部品をつくっていた川西航空の工場も爆撃された。北中皮革のまわりにも焼夷《しょうい》弾が落とされたが、工場は無傷におわっていた。

戦後になって、前田さんが北中皮革をやめたのは、賃金が安かったからだ。このころ月給が一八円ほどだった。が、国民服（カーキ色の詰襟の上衣）は二〇円だった。

汽車通勤だった前田さんは、川のむこうに皮革産業の集積地帯があることを知らなかった。同級生がききつけて、そのうちの一軒ではたらくことになった。北中には高木からはたらきにきていた「おっさん」たちが、ぎょうさんいた。北中の技師で、高木にある「和田産業」という皮革工場に移ったひともいる。

最初にはたらいたのは、「金田さん」という家だった。従業員が二、三人、あとは家族労働だった。リヤカーに原皮を一五、六枚積んではこび、高木橋から市川に放りこんだ。ひとりは下で待っていて、その原皮をつかまえる。表を下にして水につけ、大きな石で重石にする。寒中であっても、パンツ一丁の作業だった。

「よく、肺炎などにならなかったですね」とたずねると、前田さんは、当たり前のように、「それが仕事だから」と答えた。

市川で生まれる白鞣革

早瀬で表面を上に拡げて水中に漬けておきますと、ケジマという表面の毛に菌が生じます。と、自然に毛が抜けるのが、姫路靼《なめし》の特徴であります。その間、前記のケジマの菌の生じるまでは、毎日、一回以上、川に漬けている皮が全面拡がってあるかを、寒中のさむいのに、わらじばきで、熊手を持って検《しら》べに川にはいったのでありました。

これは、高木の古老だった、角谷静太郎翁八八歳の回想録「播州鞣革と高木の歴史」（一九七三年三月、手書き、句読点は引用者）の一節である。それによると、真夏の七、八月は、ほぼ二昼夜で脱毛ができる。原皮の晒《さら》し場所は「漬け場」とよばれていたのだが、その漬け場の条件次第では、原皮が腐蝕《ふしょく》したりするので、場所の奪いあいになったりした。たいがい、夜中の二時ごろから脱毛作業にかかり、太陽が昇るまでに作業を終えた。

脱毛につかうのは、「毛抜き板」と「毛抜き鎌」である。「毛抜き板」は松の板で、幅が一メートル、長さが二メートル、厚さ三センチで、この板に表皮を上にしてひろげ、峰の平らな「毛抜き鎌」で突き押して脱毛させる。重労働である。

前田さんによれば、川のなかの作業で脚がしびれてしまった、という。昔は川幅がもっと広かった。夕立がきて水量がふえ、原皮が流出することがあった。舟で捜しにいくと、「小川橋」「市川橋」と下流の橋を越えて、そのつぎの河口にちかい「阿保橋」のあたりまで流れていたり、行方不明になったりした。

一軒で年に十数枚、多くても二〇枚程度の原皮を処理するだけだから、一枚紛失するだけでも大打撃だった。握り飯をつくって、捜しにいった。草むらに流れついて、腐っているのもあった。

昔はひとりで全部の仕事をしたから、一人前になるのには一〇年ほどかかった。薬品のつかいかたなど、それぞれに秘密があって、よそ者にはなかなか教えてくれない。

「皮サマサマ」の時代

戦後一〇年ほどは、皮不足の時代だった。「皮サマサマ」だった。腹巻にカネをまきつけて、東京からブローカーが買い付けにきた。送ってくれ、といわれて、輪《りん》タク（自転車のタクシー）に積んで、姫路駅までチッキ（鉄道便）をだしにいったこともある。

原皮は四国、九州、広島などからはいってきた。すべて国産である。ひと山一〇枚ずつ積んで、不公平がないように、クジ引きでその山を買う。金額はどの山でもおなじだった。

二七、八歳のころまで、職人として、高木のいくつかの工場をまわっていた。「ようひっぱられた」と前田さんがいうのだから、引き抜きである。通婚圏がせまかったから、親戚同士で引き抜きするのもめずらしくなかった。

原皮を板に張りつけるときは、万力《まんりき》で引っ張って釘で留《と》める。一枚分の皮を張った大きな板を担いで河原へ干しにいく。水に濡れると重い。力仕事で日給五〇〇円、そのころの最高賃金だった。

そのあと、漉《す》き職人になった。奥さんの従兄弟が漉き師だったので、そこに入門した。他人だったら教えてくれない技術である。漉きは皮を薄くする工程である。

左右に握りのついた半月型の刃物で、皮の裏を削っていく。いまはシェービングマシンがする仕事である。最初は粗削りをして、それを親方が仕上げて製品にする。

この仕事は、日給五〇〇円のときに、歩合で一枚仕上げると二〇〇円、五枚やると一〇〇〇円になる熟練労働だった。

ひとつの工場で二、三日はたらき、そのつぎの日からテントとまた別な工場にうつる。桜の木でつくった漉き台と自分で焼き入れした包丁を担いで、工場を渡り歩く。いわば、粋な花形職人である。

大阪の池田や松原などからも多くの漉き師がはいってきていた。漉き終わると、「銀メシ炊いてすき焼き」の生活だった。一万札がなかったころで、百円札を鞄《かばん》につめこんでキャバレーにいき、一〇〇円ずつチップを配っていた、というから豪勢だった。

二人で曳くアメリカ製の鋸《のこぎり》を買ってきて、包丁に加工した。新聞紙を燃やして、刃をつくる。刃先を丸くして、皮の裏の脂をそぎ落とす。

漉き師を四年ほどやって、五〇万円ほど貯めた。それで平屋の工場を買った。労働者から経営者になったのである。それで牛皮革の生産ではなく、馬皮をはじめた。馬は材料の手当が固定されていて、製品価格も安定していた。馬皮はランドセルの裏皮や靴の中敷き、義足などにつかわれる、柔らかな革である。

いまは薬品代や人件費が上がったわりには、製品価格が上がらず、儲けはすくないそうだ。息子さんに工場をまかせて隠居状態。それでも、門構えの立派なお宅に住んでいて、昔ほどではないにせよ、姫路の夜の町を歩いていたりする。あけっぱなしで、声の大きな話好きな老人である。

このようなエネルギーに満ちた、はたらきものの前むきなひとたちが、皮革産業をささえてきたのだ。

高木につたわる革の話

前にもすこしだけ引用したが、姫路市高木地区に住む角谷静太郎さんが、一九七三年、八八歳のときに書き遺した「播州鞣革と高木の歴史」は、手書きの草稿として、解放同盟高木支部に保存されている。

この文書は、古くから白鞣製造の歴史をもつ旧高木村につたえられるエピソードを、子孫につたえようとする情熱にささえられている。白鞣の製法に詳しく、貴重な資料なのであらためて紹介しておきたい。

角谷静太郎さんは、高木村に生まれ、高等小学校卒業後、一九〇二（明治三五）年春、神戸に出て商店で丁稚奉公していたが、一八歳のとき、父親が死亡したのを機に帰村した。

三年ほど鞣革製造に従事したあと、一九〇八（明治四一）年、こんどは東京にむかった。やがて大成して浅草に店を構え、手びろく皮革販売をおこなっていた。一九二三（大正一二）年、関東大震災に遭遇し、店を弟に譲って帰郷した。

戦争中は国の方針によって、高木白鞣業者一六〇名によって創立された、「高木白鞣組合」の理事を務めていた。同組合は一九四〇年、「高木白鞣製革株式会社」と「姫路皮革株式会社」を創立した。角谷さんは「高木白鞣製革株式会社」の社長となった。同社が解散したのは、一九五一年だった。以下は角谷さんが書き遺された文書の要約（一部引用）と『皮革産業沿革史 下巻』からまとめたものである。（引用文の句読点、ルビは引用者）。

伝説・秀吉のこと

天正八（一五八〇）年九月、高木村の亀山（現在の前山）に登った秀吉は、眼下を流れる市川を見おろし、川原に乾されていた鞣革を認めたようだった。城下への帰途、高木村に立ち寄って休憩しようとしたとき、ひとりの老婆がすすみでて、敷物代わりに一枚の鞣革を献上した。

秀吉はその心根に打たれて、なにか望むものがあるか、と尋ねると、彼女は、井戸がないためもらい水で難儀をしている、と訴えた。秀吉は随行していたものたちに、さっそく井戸を掘らせた。「太閤井戸」として、村内の「正楽寺」に遺されているこの井戸は、どんな渇水のときでも、枯れることはなかった。

伝説・渡来人のこと

神功皇后の朝鮮半島侵略のとき、新羅の国から連れ帰った俘虜《ふりょ》に、「熟《なめし》皮術」に精通するものがいた。はじめは、出雲の国松江の郊外「越村」で皮革の製造をおこなっていたが、水質が適さず、九州に渡って博多で製造、そこから東へ進んで、姫路の市川の辺《ほとり》、高木村に落ち着いた。

「一説には、但馬の国、円山川とありますが、其の古跡等はありません。出雲の国今市町には昭和の初期迄白鞣《しろなめし》業者が居りましたが、高木製の鞣とは余程異なってありました。又九州の博多か久留米辺にも白鞣業者が居りまして、大正七、八年頃に九州の商人が、私角谷、東京浅草で白鞣専業の店舗を持って居った時に、白鞣を売込に来店しましたが、此の品は出雲今市製の鞣よりやや良質でありましたが、高木製の鞣とは比べ物に成りません劣等品で東京では売り物になりませんで断りました。

明治の初期に高木村から九州へ鞄の指導に行って居った人の子孫が現在高木村に居ります。出雲製も九州製も鞄は明ばんか澱粉の様な物を用いて居た様子でありました。件《くだん》の韓人たちが姫路に来り、市川の水質及地形に着眼して此処に四家族が住居する場所を定めたのが、広峰山麓の、現在の白国町でありました。

今なお、広峰山麓に四軒屋と称す地名があります。当時の朝鮮はコマ、クダラ、シラギの三ケ国でありまして、件の四家族はシラギの国から来た者でありますから、シラギの国を白国村と言うたのではあるまいか」

伝説・聖明神

『高木白鞣革沿革史』には、『播州花田村史』が引用され、「これ(俘虜)を師としてその技術を練習したるがいまの高木村にして、その技術によりて製出するところのものをいまの姫路鞄なりとす。以来、村民はこれをもって生活の基礎をなす」とある。「この師たるひとを祀りて『聖明神』として、現在も氏神境内に合祀しあり」ともある。

伝説・椋の大木

高木村には、子どもたち五、六人が手をつないで抱いても、なお手がとどかない椋《むく》の大木があった。秀吉来村記念樹といわれていたが、一九一三（大正二）年の大暴風で根元から折れて、天寿をまっとうした。その後、村へ帰ってきた角谷さんは、椋の樹の断片を探して、「聖明神」の仮の木像を製作し、「高木村製鞀の祖」として、自分の工場に祀っていたが、一九三五（昭和一〇）年に「中の宮」へ合祀した。

伝説・無法者退治

明治になって、牛馬肉の肉食が解禁されて、全国的に屠場がつくられるようになった。高木村にもできた。このころは、禄高を取り上げられて失業、「無法者《アウトロー》」化した下級武士がゴロゴロしていた。

この連中は屠場にやってきては、無銭で牛肉を持ち帰っていた。料金を請求すれば、刀に手をかけ脅されるのが関の山だった。

村内に住む新田寅松さんは、豪気な男として知られている人物だった。彼は、こんどその男があらわれたら知らせてくれ、と屠場の管理人に言ってあった。

二、三日たって、管理人の使いの者が息せき切って走ってきた。
「また、例の男がきています」

「おお、そうか」

寅松さんは屠場に駆けつけるやいなや、むんずとばかり侍をつかまえて、屠畜用のサンケン（ハンガー）に吊ってしまった。そして持ち前の大音声を張りあげ、「貴様はこの明治の御代をなんと心得ておるのか。もはや幕藩体制は崩れてしもうたのじゃ。今日こそは許さん。名を名乗れ」と言うと、さすがの無法者も青菜に塩のありさまで、両手で拝んだ。

「拙者が悪かった。つぎは必ず銭をもってくる。勘弁してくれ」

サンケンから下ろして帰してやった。それ以降、肉を狙った無法者たちは村にあらわれなくなった。これは実際にあった話、とか。

伝説・丹波大狸と備前古狸

明治の中ごろ、夫に死に別れたMさん宅に、ひとりの居候がいつくようになった。いつも羽織をつけた上品な感じの老人で、村のひとたちから「丹波さん、丹波さん」とよばれるようになった。丹波の国の出身だったからだが、それ以外には本名、来歴など一切語ることはなかった。長いあいだ村内にいた。学識もあって、万事よく弁《わき》まえていた人物だった。村びととよく将棋を指していたが、なかなか強かった。

もうひとり老人がいた。この人物も「備前の岡山生まれ」というだけで、なにをきいても、「どこでエイがな」「だれでエイがな」としかこたえないので、「エイデのおやじ」のあだ名が通り名になった。按摩《あんま》が上手だったので、それで生活していたが、ほかに「算盤八卦《そろばんはっけ》」で、村びとの運勢を診たりしていた。よく当たるとの評判だった。

彼も学識豊かで、いつも笑顔をみせていたが、どこか油断のならない笑顔だった。酒好きで、ときどき泥酔しては道を歩いていた。角谷さんは、こう書いている。

「丹波大狸と備前の古狸が世を忍ぶため、猫をかぶって居ったのではあるまいか。此の外にも他所より高木村へ来りて定住したり、その子孫も多数居ります。高木村が住安《ママ》い暮らし易い点、人情に厚い故、昔から、高木千軒と言う証言があります」

高木村がよそものに優しいのは、伝説でなく、本当の話である。

伝説・肉売り

まだ街に精肉店などなかったころ、「肉売り」の商人がいた。一年中、朝早くから、わらじばきで天秤棒を担いで、「肉やッ、肉やッ」と叫んで歩いていた。天秤棒には、魚釣りにつかうビク状の大きな「肉籠」がぶら下がり、一方には、マナ板、ハカリ、出刃包丁が収まっていた。

肉売りから肉を買うのは、金持ちの肉好きや病人のいる家、それに来客のある家などだった。一日に二貫も売れれば、相当な商売になった。

黒鞣革の製法

ごく上質で、やや脂量の多い鞣革を選び、深い穴を掘ってそのなかにいれ、青松葉と藁《わら》に火をつけて、煙が外にでないようにして、一昼夜のあいだ穴のなかで燻《いぶ》す。燻した鞣革を穴から上げ、風通しのいい場所に、一カ月ほど積んで乾燥させる。それによって、ベトベトしていた黒鞣革がサラサラしてくる。こんどはそれを、昔、既婚の女性が歯を染めた鉄錆の液体「おはぐろ」に、二昼夜漬けて、陰干ししておく。

十分に乾いてから、またおはぐろ液に一昼夜漬け、陰干し、漬けるを繰り返し、こんどは極上の漆で染める。その後、「シポ取り」をして、最後に花漆で染め上げる。

黒鞣は、武具として鎧兜《よろいかぶと》に使われ、よほどの剣の達人であっても斬れなかった。

原皮輸入の祖

昔は屠場がなかったため、原皮の入手が困難だった。負傷して死んだ牛馬とか、食いすぎて死んだ牛馬の皮を鞣していたが、病死の牛馬は山の谷や野原に埋めたので、なにほど革の注文があっても、原皮は不足がちだった。この原皮の集荷商人は諸国にあり、生皮では運搬困難なので、施塩《しえん》し、乾燥させて運搬した。

「汽車も自動車も無い時世故、運送の重労働が偲ばれます。その原皮の集荷に多くの雇い人を使い、遠国まで出張原皮の元締が中納屋という、徳川幕府の中佐、明治維新の中尾佐次平氏でありました」

「難波津の太鼓屋又兵衛氏は、高木村に鞄の原皮の不足がちを知り、原皮の集荷に朝鮮まで買出しに」出かけた。「海外原皮の輸入第一人者でありましょう」。

すきやき

明治維新とともに、日本人も牛馬の肉を食べるようになった。各地に屠場ができて、常食できるようになったのだが、それ以前は、煮る匂いが近隣に知られるのをいやがり、納屋や物置の隅で、農耕につかう鍬《すき》の刃先で焼いたり煮たりして食べていた。それが「鍬焼き」の語源である。

輸出

牛馬の肉の店頭販売が認められ、良質の原皮が手にはいり、良質の革の生産が可能になった。ところが、明治一六、七年ころから、鞣業者は不況に陥った。時あたかも、明治一九（一八八六）年にいたり、アメリカで「コロンブス世界大博覧会」が開催されることになり、高木村の菅源次氏と旧姫路藩士の高須泰造が相談して、白鞣革を出品した。

これが注目され、神戸在留外国人の手によって、輸出がはじまるようになる。明治二五（一八九二）年、二万七七六九斤、一万七二二一円と記録されている。一斤は六〇〇グラムである。『高木白鞣革沿革史』には、日露戦争後の明治三八（一九〇五）年には、六万枚、六九万円になった、と記されている。

「明治、大正、昭和と少量ながら輸出はして居りますが、外国商社の貿易は、大坂の木田要蔵氏に専権を奪われ、高木村内の業者は只製鞀のみにて、大利は大坂の木田氏に取得せられて居りました」

軍需の拡大

(第一次大戦) 開戦後も間もない大正三年（一九一四）九月。ロシア政府から膨大《ぼうだい》な軍需向け皮革製品の注文が飛び込んだ。

「予《か》ねて噂されて居たる露西亜筋の注文は其実数量案外に多く、目下是が調達に苦心の模様」大阪毎日新聞（大正三年九月一日付）はそう報じている。

まさに、当時の皮革業・製靴業の生産能力をはるかに超えた驚異的な数量であった。同年末にはロシアの陸軍少将ゲルモニコースが来日して第二回目の発注をした。五十万個という多量の弾薬盒《だんやくごう》（弾薬盒二個、予備弾薬盒一個、水筒入れ、胸掛袋一個、銃掩袋《じゅうえん》一個から成るもの）、帯革、及び三万五千個の馬具などがその発注内容であった。

「日本皮革株式会社五十年史」によれば、

――更にこえて四年に入ってからも、百万足にのぼる軍靴その他前回を上回る革具の製造依頼があり、製靴業一般は繁忙をきわめた。大正四年一月より軍用革製品の受渡し契約期限である大正四年九月末までの長靴、帯革、弾薬盒、馬具の輸出総額は、一千七百万円に達したのであって、これはわが国陸軍省の従来一ケ年の皮革製品需要高四百万円の実に四倍に当たるものであった。参考までに、これら注文品の輸出引受人など製造所について記述してみると（一）長靴（百余万足）、長靴は大倉組がうち四十万足を引受け、これを日本製靴株式会社に製造せしめた。

陸軍被服廠《しょう》委託の四十六万足は、日本製靴（十五万足）、大阪の山口喜蔵商店（十一万足）、東洋商業合資会社（五万足）、大塚岩次郎商店（五万足）、桜組（八万足）、村上工場、太田工場（二万足）等がそれぞれ製造引受人となった。上記の諸社は殆どがさらにまた中小家内工場に下請製造せしめた（前出『皮革産業沿革史 下巻』）。

一九一六（大正五）年、陸海軍に「銃剣術」の訓練がとりいれられるようになって、「姫路鞣革」の需要は一気に拡大した。銃剣術の防具一組について、革が四四坪必要だった。皮革業界での「一坪」とは、一尺四方のことである。

一師団の一ヵ年の防具の購入は各師団に五〇〇〇組、海軍あり、関東軍あり、他に士官学校、青年学校、在郷軍人会等が銃剣術を課目としていたので、防具用に適当な革が不足がちになった。

関東大震災の直前のころである。そのころから、角谷さんは高木に帰るようになっていて、地元で革の製造と仲買いに力を入れるようになる。

時代が昭和に変わったころには、野球のボール用の白鞣革の製造がふえるようになっていた。真珠湾攻撃の翌年、軍部の力によって皮革工場は統合させられ、前述のように「高木白鞣製革株式会社」となる。化学製品部も統合されて、「姫路皮革株式会社」になった。

「昭和十八年の如きは二十余万枚の鞣の増産、陸海軍各省より各大臣賞を賜りまして、銃後の守り、産業戦士として滅私奉公の甲斐も無く、昭和二十年七月二日、午前二時の空襲で直撃を受け、本社事務所、各倉庫等全焼失」の被害を受けた。

戦時中は、占領地・中国海南島などでの軍靴の修理と生産がはじまった。


こうして「大東和共栄圏」内部での皮革の自給体制はひとまず確立したのであるが、しかしそれも長続きはしなかった。昭和十八年二月、ガタルカナル海戦の敗北を転機として連合軍の潜水艦および航空機による日本商船への襲撃が激化し、その結果、船舶数は年々激減していき、海外からの原料、資材の調達はしだいに困難になっていった。とくにフィリピン沖の海戦に敗北して以来、海上輸送の倒壊はまったく決定的なものとなり、「大東亜共栄圏」内での皮革の自給体制はもろくも崩れ去っていった。
　牛皮の輸入高は開戦当時四千三百六十万円にも達したが、昭和十八年には二千二百万円に半減し、さらに昭和二十年には同十六年の一二％に当る五百二十七万円にまで激減した。国内原皮生産高も（中略）年を追って激減の傾向をたどった。開戦時に比べて昭和二十年には、成牛皮では六九・二％、仔牛皮では四五・五％、豚皮、緬羊皮、山羊皮にいたってはいずれも一割に満たない生産高を示したにすぎなかった。ただ馬革のみがほぼ二倍になるにとどまったのである（前出『皮革産業沿革史下巻』。改行は引用者）。

敗戦後は、平和産業に転換、原皮の配給を受け、姫路革細工や野球ボールなど、進駐軍のお土産を生産。このあと、ハンドバッグ、ボストンバッグなどの輸出を開始する。万国共通の革製品生産の強み、である。

にかわ生産の歴史と工場

二〇歳でにかわ工場をおこす

松岡勝弘さん(66)の生家は、コメ、味噌、醤油などを販売する商店だった。しかし、次男だったし、それにこまかな商売は好きでなかった。複数の人間を相手にして、まけたり、まけさせられたりといったような商売でないものをやりたい、との気持ちがつよかった。

高等小学校二年を卒業してから、工業学校にはいった。昔は五年制である。ところが二年ほどすると、学制が変わって新制中学になった。高等学校併設中学というよび名だったそうで、授業の中身がいままでやったものの繰り返しになった。それであほらしくなって、学業をつづける意欲をうしなった。

友人たちは、ヤミ商売でカネまわりがよかった。松岡さんはそれを横目でみていたのだが、「辛抱がたらんかった」となって、中退した。それから、御着《ごちゃく》地区の皮工場ではたらきだした。親戚のひとたちのたいがいは、高木地区の白鞣しの工場ではたらいていた。戦後まもなくのころの皮工場は忙しく、いくらでも人手を必要としていた。一七歳になっていた。

ひとに使われるのが嫌いな性分だった。二〇歳になったとき、それまでの貯金にあわせて、国民金融公庫から借金して独立した。にかわ（膠）工場をはじめたのである。そのころは、靴屋、皮屋など、二〇代で独立するひとたちはほかにもいた。

皮革工場を取材するようになって、わたしはようやく「にかわ」のことを知ることができた。「にかわ」が、茶色の接着剤であるのは記憶にあったが、その語源が「煮皮」にあって、「ニベ（鰾）」ともよばれていることなどである。

そのゼラチン質が、フルーツゼリーやコーヒーゼリーとなり、コラーゲンが美顔用のクリームなどに利用されたり、用途が拡大している、ということもはじめて知らされた。写真の印画紙や薬のカプセルにも使われていて、さいきんでは犬のチューインガムなどの新製品がだされて、ブームをよんだ。

わたしを案内してくださったひとたちが、子どものころ、ゼラチン質の「ニベ」を食べていた、という話を懐かしそうにしているのを聞いた。それで「にかわ」に関心をもつようになって、松岡さんを紹介していただいたのである。

皮革工場で発生する、皮製品にならない床皮や切り回し、シェービング屑などを煮込んで固めたものが、にかわ、ゼラチンになる。これらは小規模の工場で製品化できるようである。冬に自然の温度で煮こごりを乾燥させる。もっぱら冬の仕事で、零細工場の経営者なら、それ以外の季節は、皮工場にでかけてはたらいていた。

工場経営の行き詰まり

二〇歳で一国一城の主となったのはよかったが、松岡さんは二六歳のとき、倒産の憂き目に遭っている。手形の商売だった。川西市の皮革工場から発生するニベを原料にしていた。それをはこんでくれるひとに手形を渡しておく。すると冬になって原料をいれてくれていた。ところが先方が、夏の間に倒産してしまった。

それで原料を手当てすることができなくなった。そのころは、銀行に預金することはあっても、借り入れることはなかった。相手を信用しすぎていた結果、ということになる。

とにかく、工場経営は行き詰まって、松岡さんはまた皮革工場へはたらきにいくようになった。兄弟たちは皮関係で独立した仕事をしていた。それなのに、自分だけが勤め人では肩身がせまい、との思いがつよかった。

松岡さんは、経営者のはずなのに、タクシーや長距離トラックの運転手をしていたことなどを話しはじめる。それは会社をつぶしてしまったあとのことなのだが、にかわをつくっていない夏の間の出稼ぎのことでもあるようだ。

戦後のにかわ・ゼラチン業界

戦後のにかわ・ゼラチン業界の概況について、一九四九年一一月に作成された、通産省皮革課の文書がある。

ゼラチンの主たる用途は写真感光材料、医薬（カプセル其の他）、人造テグス、繊維製品糊料、硝子繊維、紡績用針布、工芸品（人造真珠、造花）等のほか、製紙、印刷製本、食料、塗料等々各産業に極めて多岐に渉っている。又膠は接着剤として研磨紙布、マッチ、ガムテープ、バフ（各種金属機械工業）、製紙、印刷製本、繊維糊料等の大口需要のほか、需用者が小単位に分散していて、然も量的に大きい部門としては木製品、教育文化用品を始め生産用品全般に渉っている。

そして此の膠・ゼラチンの需要の特質として、主原料としてではなく、副資材として単位量は極めて少い《ママ》が、広範囲の需要部門に於いて必要缺く可からざるものであるため、其の需要には極めて根強さがあると共に、弾力性に乏しく、有効需要の変動は比較的に少い。

終戦後の需要面は一時的に減少したが、生産が原料輸入杜絶のため、約二年余り著しく低下して、需給の均衡が全く破れたため、甚だしい混乱状態を生じた。

然し乍ら其の後は輸出並に国内生活の安定を中心とする産業の復興と共に基礎資材たる膠・ゼラチンの供給確保を、需要各部門から強く要望され、且つ一昨年進駐軍用膠・ゼラチンの供給確保を司令部より強硬に要求せられるに及んで、指定生産資材に指定することゝなり、これを契機として原料の輸入が再開されるに到り、G・H・Q鉄工品貿易公団の手を経て一昨年二月以来、各種膠・ゼラチン原料が輸入された。

再出発

そのあと、松岡さんは武道具につから革や犬のチューインガムなどの製造をはじめた。これらはいままでの工場をそのままつかえ、あらたな機械設備がいらない、との利点があった。奥さんと二、三人の従業員での再出発だった。

「皮の商売は二代目が多くて、われわれ初代は立ち遅れもはなはだしいところやった。もう一〇年はやかったなら、ものになっておったかもわからんけどね」

ふるくからある皮革工場のあいだに参入するには、時代はすでに安定していて、土地、資本もふくめて、もうちいさいところから出発できる時代ではなくなっていた。一九六五（昭和四〇）年のころである。

三〇年代はじめ、すでに業界は不景気をむかえていた。白鞣しからクロム製法に変わった時期でもあった。機械化がはじまり、皮工場の花形職人ともいえる「漉き師」の全盛期も終わりかけていた。

にかわ生産は、寒い時期に、牛皮のベルト（脱毛皮の切り回し）や内側の脂肪分である「ニベ」、シェービング屑などを大きな釜で炊いて、できた煮こごりを棚《ふなだい》にならべて干す。寒天や高野豆腐の製法に似ている。松岡さんが「出稼ぎ」からもう一度にかわ屋にもどろうとしたころ、大手の進出がはじまり、機械化がすすんできた。

季節労働に頼った和膠の生産

にかわの生産について、『にかわとゼラチン』には、こう書かれている。

和膠の生産は冬期の仕事である。しかし原料集荷は通年行われ、とくに夏から秋にかけて必要量を集めておく。原料となる皮くずをニベと呼んでいる。原料集めの専門業者がいるが、小口の和膠生産者は資本が小さく自力で集荷していたものもあった。兵庫県姫路市福井地区の一業者は、「昔は親父と二人でよく荷車を引いて高木まで原料を集めに行った」という。福井から高木までは直線距離で約一四キロ、昭和三〇年前後にまだ時々ながらこの往復を続けていたとのことである。少し資本力がある業者はこの頃からオートバイや小型トラックで集荷した。

夏の集荷品は一度日干乾燥し保存しておく。秋深くなる頃、製膠期に入る数週間前から乾燥した原料（乾ニベ）を水でもどしたもの、あるいは新しく集めた生皮に石灰をまぶして積み上げ、さらに水をかけておく。こうすることによって皮に残った脂肪をケン化、また表面角質（ケラチン）の分解を促進する。


製膠業を大規模に営んだ時代にはどこでも季節労働者に頼った。

労働形体は地域差があり、それに従って季節労働のかたちも多少違っている。

姫路周辺地区ではいずれも男女の分業が明瞭になされ、カキは女工、天日干しに伴う搬出入が男工の季節労働である。抽出に伴う「カマバ」の仕事は主に主人とその家族（男のみ）の仕事であるが、とくに生産量の多い事業者のところには季節労働者の中にもカマバを扱う男の技術者（「カマヤ」さん）が何人かいた。

主人の妻は季節労働者の食事の世話でほぼ一日を費す。新来の嫁はカキの手伝いを経て食事担当になる。男は遠来の住込みで働き、女は近隣農家から通うのが通例である。男の出身地は地区により多少差があるが、主に新潟、鳥取など裏日本に、あるいは岡山県周辺山地の冬期寒冷地である。

大阪・滋賀・奈良では男女ともほとんど近在の農家に労働力を頼っていたようである。男工は深夜労働を伴うので住込みになる（いずれも『にかわとゼラチン―産業史と科学技術』森田恒之氏の論考。日本にかわ・ゼラチン工業組合。改行は一部引用者）。

新事業の展開

さいきんになって、にかわ屋の次男、三男たちは、「ペーパー屋」になった。サンドペーパー、紙ヤスリの生産である。天井から紙を引っ張り、にかわを溶かした槽のなかをくぐらして、表面に金剛砂を付着させる。

「にかわ屋もいろんなものに変わったね」と松岡さんは昔を思いだしながらいった。品質のいい付着力のつよいにかわは、墨の原料になり、力の弱いにかわは、粉末にして塗料やパッキング・ケースの接着剤やガムテープ剤になる。皮とおなじように、品質は原料に規制されるし、値段の変動が激しい、という。

それでゼラチンのほうに移行するメーカーがでてきた。

「あたまがよくて、カネのあるところには勝てへん」

食品メーカーと提携し、設備投資をふやして、成長する会社もでてきた。

長男が高校にはいったので、友だちが遊びにきたら恥ずかしいと考えて、家を建てた。「見栄を張った」というのだが、台湾檜の豪邸である。商売がうまかったらもっと儲けた、と松岡さんはいうのだが、仕事は熱中してやってきた。儲けたカネで土地を買ったり、田んぼを買ったりしてきたから、堅実な成功者ということができる。

「あるとなくなる、なくなるとできる」というふうに、おカネに不自由しなかった、というから、恵まれていた。勤勉にはたらけば、財産を残せる希望が皮革産業にあった、ということをしめしている。

なんか変わったことをしようか、と思っていた。犬のチューインガムの高級なものをつくろうと、皮をきれいにしてたべられるようにして、粉砕した。

たまたまやってきていた研究者がそれに目をつけて、これならコラーゲンの材料になる、といいだした。松岡さんは、コラーゲンの製造をはじめて、独自な道を歩むことができた。皮革産業のリサイクルが課題になっていた。

にかわとゼラチンは、動物の結合組織の構成たんぱく質の主成分であるコラーゲンが、物理化学的処理による変性により可溶性状態となり、精製・乾燥されたものである。

コラーゲンは動物の結合組織を構成するたんぱく質であって、通常、脊椎動物の含有するたんぱく質の三分の一を占めている。生体内では、真皮、骨および腱などに多く含まれている（いずれも前出『にかわとゼラチン』久保田穣氏、岡本康氏の論考）。

一九六九年まで、コラーゲンは一種類と考えられていたが、いまでは二〇種類以上、発見されている。

「技術的にはまだ未完成だけど、やりますか」と研究者にいわれて、松岡さんは、皮革産業の重労働から、関連とはいえ新産業に移行できると考え、資金をだすことにした。

松岡さんがつくっているのは、コラーゲンといっても、人間の食用や美容用コラーゲンではないため、機械装置はそれほどのものではない、とか。

工業用である。「皮革を救済するための発想」というもので、「皮革からとって皮革に還元するもの」ともいわれている。皮革をキメこまかくし、強化するためのエッセンスを抽出する。県の資金援助もあって、製法の特許を出願している。建築用コンクリートにいれると吸湿性がよくなって、結露を防ぐ、という。

いままで、だれも研究していなかった分野である。その研究が成功したのだが、どうしたら生産と販売がスムーズにいくか、その詰めが残されている。販売ルートが問題、という。

伝統的な生産から新事業の展開へ、松岡さんのような創業者が、あたらしい事業を二代目に引き継ごうとしている。

「儲けのひけつは、まずはたらくこと」

若いころから、はたらきつづけてきた。そして、「手形を切らないこと」という。手形はもらっても渡さない。現金で安く買って、手形で高く売る、それが取り引きの原則、とか。

松岡さんは、わかわかしく、明瞭な話しかたをされる。息子さんも後継者として新分野をひろげようとしている。

わたしは、このあともいくつかの工場の後継者を紹介していただいた。ご本人たちは皮革産業を「斜陽」と自嘲しながらも、自信をもってはたらいている。地域の伝統産業が深く根を張っているのを実感させられた。

季節・天候に左右されない洋膠

和膠《わこう》から洋膠《ようこう》への転換については、奈良県のオリエント膠工業の『創業六十年史』に詳しい。

創業当時は勿論和膠の製造であつた。千里は足下より始まり、高山も亦《また》微塵より起る。それは極めて原始的な方法で且つ甚だ小規模なものであつた。製造工業と云はんよりは、寧《むし》ろ手工業に近かつた。

元来和膠の製造は原料膘《にべ》を大釜にて煮つめ、膠汁をよく煮つめたる後、舟箱に汲み取り、舟箱中に於て膠汁の自然凝固を俟《ま》つて、更に之を三千本と称する棒状に切断し、或は晒《さらし》と称する短冊形に裁断して、ゼリー状の三千本或は晒膠《さらしにかわ》を、竹製の簀《す》の子上に並べ、之《これ》を屋外に持ち出して数日間天日にさらし、自然乾燥を待つて始めて製品を得ると云ふ方法である。

燃料は粗朶《そだ》の薪であり、用水は井戸水を釣瓶で汲み上げ、其の他煮沸、切断、乾燥等一切の工程は人力に依《よ》るの他なく、且《か》つ最も制約を受ける問題は季節及天候の如何であつた。

即ち外気に依り膠汁の自然凝固を俟《ま》ち、切断後はゼリー状のものを屋外に出して自然乾燥に委《ゆだ》ねるのであるから、春秋夏季等、外気の高温多湿なる季節は勿論製造は出来ず、其の製造季節は冬季を中心とする数ヶ月に限られるが、冬季と雖《いえど》も暖冬或いは数日の長雨に製造を妨げられる事は屢々《たびたび》である。

近代的設備の完備せる今日の工業から比較すると実に天地霄壌《しょうじょう》の開きがある。それでも当時としては破天荒な企《くわだて》であり保守的な郷土の人達からは相当冒険視されたものである。然し業祖の鉄石の意志と宿願成就の熱意とはあらゆる困苦辛酸をものともせず初志貫徹に邁進した。(中略)

又前節に於て述べた如く、元来和膠の欠陥は、製造期間が単に冬季に限られ、極めて短期間であることゝ、日光乾燥に依存するため天候に左右される事が多い点にある。これは原始的な製造工程から来るものであつて、業者としては致命的な打撃であり、資本が半年以上も固定すると云ふ事は、経済的にも忍び難いところであつた。

然るに当時既《すで》に欧米先進国に於ける膠工業は長足の進歩をとげ、前章に於て詳述した通り、其の製造工程は甚《はなは》だしく近代化され、特に乾燥工程に於ける機械化は些《いさ》さかも季節・天候の影響を受くる事なく、又其《そ》の製品も容易に我が国膠業者の追随を許さないものがあつたので、本工業はこゝに鑑《かんが》みるところあり、苦難を排して船来品を凌駕《りょうが》せんとし、一族を総動員して茲《ここ》に本格的な洋膠の研究にとりかゝつたのである（『創業六十年史』オリエント膠工業株式会社。ルビ・句読点は一部引用者）。

伝統をまもって

旭陽《あさひ》化学工業株式会社は、ゼラチンとコラーゲンの生産の伝統をまもっている。「会社案内」に掲載されている社史をまず紹介する。

当社は明治一七（一八八四）年二月、現在の場所（姫路市網干区）において、田寺製膠所として創業以来、明治、大正、昭和にわたり膠の製造をなし、昭和三二年一二月設備の近代化、新技術の導入をもつて、旭陽化学工業株式会社として洋膠・ゼラチンの生産に着手、その後、昭和三五年日本皮革（現㈱ニッピ）の協力工場となり、技術、販売の提携を図り、医薬用、工業用ゼラチンを年々増産しております。

同社は、「にかわ」の生産ではもっとも古い歴史をもっているという。初代が田寺源太夫、二代目が胎蔵、三代目が健三。洋膠・ゼラチンの生産をはじめたのは、一九五七年、三代目・健三の時代である。

皮革の歴史とともにあった「にかわ」

わたしは、田寺社長に前出の『にかわとゼラチン』を譲っていただいたのだが、この本はにかわの歴史について詳しく、貴重な記述が多いので、旭陽化学工業の話にはいる前に、もうすこし紹介したい。正倉院文書のなかに、「天平六年に膠原料として『皮端』を購入し、膠を造った」との記述があるという。

この頃の皮革の呼称として牛革、牛作皮、鹿韋《しかがわ》、鹿洗革（韋）、洗革、絵洗皮、白皮などが書かれていて、多くの加工革があったことがわかる。さらに諸国の正税帳の中にも加工革の名称がみられることから、この頃日本の各地では皮の「なめし」が行なわれていたことが窺える。

日本各地の国衙《こくが》では徴集した税稲でもって皮革を購入（交易）し、一部を中央官庁へ年料として送るとともに、国衙工房でも使用していた。この工房での皮革の使用用途としては、靫《うつぼ》、靫手、太刀鞘《さや》、弓握纏、短甲《たんこう》、行縢《むかばき》、胡籙《やなぐい》等の兵器、器杖《きじょう》が圧倒的に多い。こうした傾向は、この頃の中央官司工房でも変わらなかったであろうとおもわれる。

寺営工房における皮革の調達は稲束もあったであろうけれども、貫文でもなされている。すなわちこの頃、皮革は流通商品でもあったのであって、寺営工房近くの市ではある程度自由に購入できたものでもあったのだろう。流通皮革として吹子《ふいご》用の吹皮、楽器用の片皮などもみられる（後略。いずれも前出『にかわとゼラチン』中村幸作氏の論考。ルビは一部引用者）。

なお、「延喜式」のなかでは、熊皮を除けば牛、馬、鹿などの皮が圧倒的に多く、そのなかで、鹿皮よりも牛皮や馬皮の「鞣し」と加工に、より高度な技術が要求されていたようである。にかわは牛皮のにかわで、これも当時としては高度な技術だった。

ニベについては、つぎのように記述されている。

近世の文書でみる限り、このニベは実に多様な意味をもっているようにおもわれる。まず、例文は後に掲げるとして、「鰾膠《ひょうこう》」「魚膠」「魚の白脬」「鹿膠」「鹿皮」「膠原料」などが考えられる。以上のことを整理してみると、ニベは、まず第一に「魚膠、魚膠原料」として、第二に「鹿膠」そのもの、第三に「膠原料」の意にも解せられるようである。

近世において合せ弓に牛膠が使われていたことを記したが、いつの頃からかは判然としないけれども、ニベにかわって動物膠が弓の接着に用いられだしたという文書が数多くある。たとえば『重修本草啓蒙』は、ニベは国産もあり、中国の福建からの輸入品のあったことも記し、つづいて「大坂ノ弓工ハ鹿ニベ、鮫ニベヲ用ユ、京師ノ弓工ハ専ラ鹿ニベヲ用ヒ、魚膠ハ弱キ故用ヒズト云。鹿ニベハ丹波ヨリ来ル」と記す。ニベから動物膠への転換は「射学大成」にもくわしい（いずれも前出『にかわとゼラチン』中村幸作氏の論考）。

いくつかの文書を引用したのは、皮革のふるい歴史とともにあった、にかわの重要さをわたし自身がはじめて知らされたことが、大きく影響している。

にかわとゼラチン

和膠と洋膠

「にかわとゼラチンとは、どうちがうのですか」とわたしは「旭陽化学工業」の田寺康啓さんにたずねた。わかるようでよくわからないからである。かれは笑いながらも丁寧に答えた。

「昔は和膠《わこう》だった。あたらしい製法によるのが洋膠《ようこう》。その洋膠をなお精製したのが、工業用ゼラチン。いま、にかわ（膠）は死語になりかかっています」

「にかわ」は、前にも書いたように「煮皮」のことで、ニベやトコとよばれる皮くずを釜にいれ、薪や石炭の直火《じかび》にかけて炊いたのが和膠である。

これにたいして、洋膠はボイラーをつかって蒸気で加熱・抽出した。洋膠といっても、舶来品のことではない。「洋食」「洋品」とおなじように、西洋渡来の意であり、生産方式が輸入されたものを指している。

和膠は煮汁を棚《ふなだい》にいれて固め、天日乾燥させたものだが、洋膠には濾過《ろか》の過程があるので、純度がたかい。といっても、洋膠には、純然たる「舶来膠洋膠」とそのイミテーションの「国産膠洋膠」の二種類があって、大正時代のはじめに奈良県の業者がつくりだした、国産の「洋膠」にも、舶来の洋膠とおなじように、英語のブランド名が刻印されてあったという。

マッチ生産

旭陽化学工業が、洋膠とゼラチンの生産をはじめるのは、一九五七年である。三代目社長による経営近代化の一環だった。六五年にゼラチンの本格的な生産をはじめ、七六年には食用、医薬用ゼラチンの増産体制を確立して、にかわ生産から飛躍した。

いま全国でゼラチンが一万五〇〇〇トン、にかわが五〇〇〇トンほど生産されているが、同社でこのうち三〇〇〇トンを占めている。

田寺社長によれば、にかわの需要で大きかったのは、マッチ生産だった、という。マッチは硫黄でできていると考えられているが、軸木に硫黄が付着しているのは、にかわの役割である。軸木を頭薬溶液に浸漬して引き上げるとき、形のいい卵型のふくらみをもつのは、にかわの力であるが、そればかりではない。

バチバチ音をたてたり、急に燃えつきたりせず、発火が自然でやわらかな炎をあげ、さらに火の形がなごやかなのは、マッチの頭が多孔質《たこうしつ》になっていて、酸素の配分がいいからである。ゼラチンのなかに「難燃性高分子」がふくまれていることも、その微妙なはたらきを助けている。

マッチはいわば、にかわによる芸術作品ともいえる。だからこそ「マッチ売りの少女」のような幻想的な童話が生まれたのかもしれない。もしもただ火がつくだけの無味乾燥なものだったなら、ひとびとの思いを託すものとはならなかった。

その幻想的なマッチも、自動点火が普及し、百円ライターがでまわると、みむきもされなくなった。百円ライターはあまりにも即物的である。

旭陽化学工業では、昭和四〇年代に、マッチむけの売り上げが三六パーセントを占めていたが、いまは一パーセントにも満たない。

日本でのマッチの生産は、一八七五年、フランス留学から帰国した宮内庁次官・吉井実の別邸(東京・三田)につくられた仮工場ではじめられ、やがて中国むけなど輸出産業のひとつとなった。

兵庫県が生産の八割ちかくを占めたのは、貿易港の神戸をひかえていたことばかりではなく、皮革産業の基盤があったためであろう。「風がふけば桶屋が儲かる」の関係などよりは、はるかに密接な関係で、皮革産業とマッチ工業が、ゼラチン工業を発展させ、日本の写真や印刷産業を発達させた。

にかわからゼラチンへ

にかわはマッチや墨の生産をささえた。昭和三〇年代になって、ダンボール生産が拡大すると、それを梱包するガムテープを必要とするようになった。それまでは、木箱に釘が中心だった。ガムテープの粘着力は、にかわによっている。接着剤はにかわの独壇場だったが、粘着テープとセメダインがその座を占めた。「石油化学に負けた」と田寺さんがいう。

いま、にかわの需要で多いのは、紙器加工の分野である。これはにかわと合成接着剤を混ぜたものである。ダンボールからお菓子の紙箱まで、ボール紙にうすい紙を張っている。その接着剤がにかわである。

そればかりか、身のまわりにある紙筒《しかん》も、にかわなくしては製造できない。トイレットペーパーやファクシミリ用紙の芯や、マーブルチョコレートの容れ物などである。

ところがこれらも、合成接着剤に追いやられている。昭和四〇年前後、一万五〇〇〇トンだった全国のにかわ生産量が、いま四五〇〇トン程度（二〇一六年現在、八〇〇トン程度）である。

現在、ゼラチンがにかわの最盛期の数字を超えている。にかわからゼラチンに転換できなかったところが消えていった。琵琶湖周辺、播州、福井などに、にかわ専業メーカーが二〇〇から三〇〇軒ほどあったのだが、いまは二、三軒ほどになった。需要の面ばかりではなく、公害問題がでて、排水規制が厳しくなったことも影響している。

「ビデオが普及して、われわれがいちばん心配したのは、みんな写真を撮らなくなるんじゃないかと。それでも、写真は粒子が細かいんでね。ビデオをテレビの画面に映しても画面が荒いでしょう。やっぱり写真は写真。そのあと、インスタントカメラや使い捨てカメラが普及して、フィルムの需要がふえましたが、一時はずいぶん心配したもんです」

田寺さんはホッとしたような表情で語った。ゼラチンの消費でもっとも多いのが写真用で、全体の四割を占めている。だからみんながビデオカメラを担いで歩くようになると、フィルム需要が減って、ゼラチン業界に大打撃を与えると考えた。が、それは杞憂に終わったようだ。といって、将来、電子カメラが主流になると、どうなるかわからない。

日本が誇る映画と写真をささえたのは、兵庫県を中心とした、にかわ・ゼラチンメーカーだった。さらにいえば、レントゲンばかりではなく、医学では検診用のカメラが発達した。そのフィルムもまたゼラチンを原料にしているので、人間の健康もささえてきた。しかし、それも電子に置き換えられだした。

写真についで需要が多いのが、食用である。ゼリー、ババロア、ムース、フローレット、アイスクリーム、シャーベット、ソフトキャラメル、米菓、ハム、ソーセージなど、食生活のさまざまな領域に浸透している。意外なところでは、ノーカーボン紙もゼラチンだった。

（二〇一六年現在、ゼラチンの消費でもっとも多いのは食用で、六七パーセントを占めている。需要先は、コンビニのレンジアップ商品、ソフトカプセル、グミゼリー、湿布剤、各種ゼリー、アイスクリーム、ヨーグルトなどである。写真用は全体の五パーセント程度に激減している）

生活のさまざまな分野で

『にかわとゼラチン』には、食用ゼラチンは昭和一〇年ころに国産品でほぼ自給できるようになった、とある。また写真用ゼラチンの生産は、六桜社やオリエンタル写真工業などが研究開発をはじめていたが、日本皮革株式会社（ニッピ）が、チェコスロバキアから技師を招聘《しょうへい》して研究、富士市の専用工場での生産に成功した。ここは富士山の裾野にあって水が豊富だからである。このときの原料はトコばかりではなく、骨ゼラチンも主力だった。

日本にかわ・ゼラチン工業組合に加入しているメーカーは、いま一七社（二〇一六年現在、一五社）である。東北地方でも宮城県に一社あるのは、鯨からゼラチンを採っていたからだ。フィルム専門工場が二社、一七社のうち七社が姫路市にあるのが、皮革産業の基盤の厚さを示している。

旭陽化学工業は国内の原料をつかっているが、業界全体では半分以上が輸入原料に依存している、という。輸入先は韓国、タイ、インド、アメリカなどである。

旭陽化学工業の主力製品は、医薬用カプセルの材料である。医薬カプセルには、ソフトカプセル、ハードカプセル、ミニカプセル、マイクロカプセルなどがある。ほかにも、貼布剤《てんぷざい》、錠剤、座薬、止血剤など用途はひろい。化粧品として、コラーゲンいりのクリームやローションなどがある。

工業用としては、接着剤や紙器のほかに感光紙、研磨布紙、印刷ローラー、墨汁、テニスのガットなどもある。

こうしてみると、牛や豚の一生は、食肉や皮革などばかりではなく、形としてみえないところでも、人間の生活のさまざまな分野で生かされていることがわかる。

「原料でいえば、牛なら背まわりがいい。腹まわりになると、組織も荒くなるし、油脂分がでてくる。骨も大きいほうがいい」と、田寺さんがいう。

ここでは昭和四〇年代からゼラチンの生産をはじめた。にかわからゼラチンへの転換である。たとえば、にかわは膏薬《こうやく》、ゼラチンは湿布薬、というようなイメージの変化がある。膏薬は臭いはつよく剝《は》がれにくかったが、貼付剤は心理的な抵抗がよわい。

料理学校でもケーキをつくることがふえて、ゼラチンがなじみやすいものになった。いまでは、スーパーなどでもかんたんに手にはいるようになった。

「いつも主役ではない。脇役だ」と田寺さんがいうのだが、いわば産業の接着剤であり、縁の下の力持ち、といえる。

ゼラチンは二七度ほどで溶解し、二二、三度で凝固する。冷水にいれておけば膨潤し、加熱すると液状になる。さらに粘性にすぐれ、起泡性がたかい。これらの特性は、これからもあらたな需要分野が開拓されていきそうである。

「先革」の生産

荒岡平治さん(77)の仕事場は、三畳間ほどの板敷きの質素な部屋だが、長年にわたってここでひとりの職人が仕事に熱中してきた気配を漂わせている。古い箱型のラジオや重たそうな鋳物製のミシンが、部屋の隅に保存されているので、ものを大事にする主人の一徹な人柄を推測させる。

ほそ長い箱に、できたての饅頭《まんじゅう》のような、白くて丸い袋状の革製品がならべられている。剣道の竹刀《しない》の先端である。これをなんとよぶんですか、とお聞きすると、「先革《さきかわ》っ」と大きな声で答えが返ってきた。

「先革」は二枚に割った牛皮のトコ革を、白く鞣したものである。革を長方形に裁断して両側を縫いあわせ、さらに先端を「とじ革」で縫って閉じる。「とじ革」は、「ピッカー」とよばれる、皮を干しあげたものである。一個で一八回ほど縫うと、シューマイ状の製品になる。

卸価格は、一個一〇〇円。それが小売価格で、三〇〇円ほどになるとか。裁断した段階での原価が、二〇円から二二、三円。それを加工して一〇〇円だから、それほど儲かるというものではない。それでも、順調なら、一日に二〇〇個ほどできる。下請けの賃仕事ではない。一個の製品をつくる家内工業である。なお、竹刀につかう竹は、かつては京都産だったそうだが、いまは台湾、ベトナムから輸入している、とか。

戦後皮革産業の華やかなりし時代から

荒岡さんは、戦前、ソウル郊外の金鉱山ではたらいていた。現場事務員だったのだが、日本人は二人だけ、裏山の住友系の鉱山には、日本人が一〇人ほどいたので、遊びにいっておしゃべりするのが楽しみだった。出征はニューギニアの戦場だった。徴兵者、補充兵をべつにすれば、現役の兵隊で生き残ったのは、荒岡さんぐらいのものだった、という。マラリアと餓死で全滅だった。

終戦後の皮革産業界にとって、最も大きな問題となり、さまざまな影響を及ぼしたものに「特殊物件皮革」がある。

戦争の激化にともなって、いろいろな軍需工場が空襲を避けて、各地方へ分散し疎開したのと軌を一つにして、関連の軍需物資もまた各地へ疎開した。群馬・栃木・埼玉といった北関東をはじめ長野・愛知・福井・岐阜・京都・兵庫・岡山・広島・福岡など、それも各県でも山間僻地へと分散された。

その数量は正確には把握できないが、一説に「牛皮換算約百万枚、塩蔵皮重量換算にして二万トンに達し……」(「皮革タイムス」昭和二十二年六月四日付)これとは別に靴用副材料があった。

終戦直後には、まだ軍の管理下にあって、何事もなかったが、軍の手を離れてからは、ヤミ価格の暴騰もあり、何よりも入手難の原皮・皮革それに副材料とあって、これを少しでも多く我がものにしようという早耳筋の暗躍が始まり、ある時には政治家までが動き出して、「特殊物件皮革」という呼び方から、やがて「隠退蔵物資《いんたいぞう》」さらに「隠匿物資《いんとく》」というように、その性格も変わっていった。

いうまでもなく、軍需工場、軍需物資の地方疎開そのものが、ある面では秘密裡にことが運ばれたうえに、その疎開先も当然のように山間僻地、さらに密林地帯、山あり谷ありの複雑な地形による〝戦略地帯〟を選んだところへ、まさに〝隠匿〟してある。

この支配権を手に入れたものは、ヤミ市への供給源として、莫大な利益を手にした(前出『皮革産業沿革史 下巻』)。

前述したように、皮革が重要な軍需物資だったことのエピソードである。つぎのような証言もある。

藤田　私が不思議だと思うのはね、戦後に特殊物件処理をやらされたんです。先ほど西谷さんがお話のように、買い上げたんでしょう。買い上げたものの中には本銀判もあれば――皆あるわけだ。ところが、そんなもの一品もなかったですからね。軍がどうかしちゃったんだろうか。あの革はどうしたんだろう。すばらしい革があったわけでしょう。みんなのところから供出しましたね。戦後、あれも行方不明でしょう。あれだけの金やダイヤモンドはどこへ行ったんでしょうね。

それと同じように、あれだけいい革が集まったと思うのに……。（中略）

塚本　戦後、隠退蔵物資ということで大騒ぎしましたね。したがって、私、想像以外のところに革があることを知ったことがあります。

（前出『皮革産業沿革史 下巻』）

荒岡さんは、敗戦翌年の一九四六年に帰国、戦後はしばらくは牛革の生産に従事していた。「ボロかったですね。それで自然にそれをやるようになりました、警察に追われながら」といって、荒岡さんは笑った。そのころは、皮革は統制品になっていて、売買はヤミ商売あつかいだった。ブローカーたちがコメを担いで皮革と交換にきた。いわば、戦後の風物詩のひとつだった。

「ケイザイがきたっ、ポリが橋をわたった、という情報がはいると、気のはやいもんは火の見櫓《やぐら》にあがって、カンカンと半鐘をたたいたもんです。火事とちがうんですよ、経済警察がきたっという知らせなんです」

落語調の語り口である。半成品を担いで、川原に避難した。このころ、コメなど「闇流通」の物資を取り締まる警察は無慈悲だった。その警官が橋をわたって去っていくのがみえると、また皮を干した。一九四八、九年ころがいちばん華やかだった。皮を一〇枚ほど仕上げると、一家中で一カ月食べられた、という。

東京から買い付けにきたブローカーは、皮革を人力車に載せて姫路駅まではこび、チッキにして東京へ送っていた。ほとんどが靴の表革だった。

荒岡さんが革鞣しの仕事をやめたのは、利幅がすくなくなったからだ。牛の原皮を買ってきても、毛を抜いてみなければ「銀面」がどうなっているかがわからない。

農家が一頭ずつ手塩にかけて育てた牛には、「いばら傷」はすくないのだが、放牧している牛の皮は傷だらけ、その両方がまじってくるので、原料代がコストアップになった。

「ポリに追われていたほうがよかった」とは冗談である。皮の仕事をはじめていて六、七年たったころ、「こりゃ、ボチボチ変わらんと」。それで零細工場の経営者たちは、工場をたたんで転職したり、職人にもどって大きな工場にはいりこむとかした。

「弱気と強気の差やったんとちがいますかね。強気のものはそれで押しとおした。弱気のものは職人になった。わたしみたいのは、自分でなんかやらんとまま食われんとなった」

そのころは、あつかう皮の枚数をふやすのが儲けにつながった。一〇枚を一五枚にふやす。一〇〇枚もっと一財産である。生地のストックで蓄財していたのだが、悪い生地ばかり握ってしまうと倒産する。

荒岡さんは、剣道が好きだったこともあって、「先革」の仕事をはじめることにした。一九六〇年当時、三〇代後半である。「先革」つくりは、戦前ならこの地域でもなん軒かあって、盛況だったそうだ。戦後になってからはじめたのは、荒岡さんがはじめてだった。

つくりかたは、前にやっていたひとから教えてもらったり、みたりきいたり。

「みんなまるっこい、というか、技術を隠さなかったですね」

さいきんでは、剣道も下火になっているようで、まえより消費がすくない。それに肝心の生徒たちも、先輩が後輩につかいふるしの竹刀を譲るようで、新規需要はさほどふえていない、とか。

それでも、手堅く商売をやってきたようだ。「カネはなんぼあっても荷物にならん」という。余分な設備投資をしたりして、拡大路線をとらなかった。いまでも、皮を抜くプレスの機械が一台、土間に据えられているだけである。

道具は目打ちと木槌と千枚とおし、職人芸である。仕事がふえたときは、外注にまわして切り抜けてきた。

靴職人の多い街

靴の生産

大矢光直さん（66）が、手縫いの靴をつくるようになったのは、戦後まもない一九五一年からだった。足の幅や甲の高さを計って手縫いする。そればかりではない。裏皮に注文者のイニシャルいりだ。

山陽線御着《ごちゃく》駅あたりは、姫路駅から西へむかって出発した山陽新幹線が、まだ在来線とならんで走っている。その御着駅にちかい四郷《しごう》町は、靴職人の多い町として知られている。なかでも、見《み》野《の》地区での靴の生産がはやかった、とは解放同盟上鈴《かみすず》支部長でもある大矢さんの話である。

それは、どうしてでしょう、とわたしは問いかけた。

「靴の修理からはじまったらしい。見野には靴職人が四、五人いたんや」

神戸から職人がやってきて、手縫いの靴づくりを教えたのが、そのはじまりだった。

大矢さんは、その職人たちに供給するアッパー（甲皮《こうかわ》）を仕上げる仕事をはじめた。それが五一年だった。靴は、甲皮師がつくった甲皮を、底付け師のところへもちこんで完成する。甲皮師は一日に一足つくった。手縫いだから手間がかかった。

見野には「親方」がいて、注文をとってまわった。神戸市にある県庁、市役所、紡績や鉄鋼会社、国鉄の駅とかをまわり、靴をほしいひとの足型をはかって、大矢さんのところにやってくる。といっても、部長、課長クラスでないと、靴など履くことができなかった。注文主の足のサイズにあわせて甲皮をつくるのが、大矢さんの仕事である。製造卸売業者である親方が、それぞれの職人を抱えている。

戦後の混乱期で、靴どろぼうがいた時代である。そのすこしあとの東北の高校生だったわたしなどは、革靴など履いたことはない。友人たちにもいなかった。ほとんどが、足駄《あしだ》（高下駄《たかげた》）だった。歯が減ると、下駄屋であたらしい歯に入れ替えてもらっていた。

大矢さんは、三〇年前につくったという靴をみせてくれたのだが、軽くて美しい靴で、履き心地がよさそうだった。

「これはね、底と底革を三枚いっしょに縫いあげて、麻糸を松脂《まつやに》と植物油とで、こてこてにして縫ったものや。だから履いているうちに外側の糸がきれても、縫目の一本一本が釘《くぎ》の役割になる。釘をつかうと、錆びてそこから腐る。だから、釘はつかわん」

底革に穴をあけ、溶かした松脂を垂らす。油をしみ込ませた麻糸で三枚の皮のあいだを縫い合わせ、両手で堅く締めあげる。丈夫なわけである。しかし、一日に一足しかできない。

一七歳で独立

一九四七年、高等小学校二年を卒業したとき、六三三制の「学制改革」がおこなわれ、大矢さんは新制中学三年に編入された。小学校の同期生は一〇〇人ほどいたが、そのうち進学したのは三〇人ほど、あとはすぐ働きにでていた。

それでも、戦時中、小学六年のころに、四〇〇戸たらずの四郷町上鈴で、ゼロ戦を一機、軍部に献納している。大矢さんの記憶では二万円ほどの寄金が集められた。四郷町（八地区）全体で一機だった、というから、いかに上鈴で資金が集まったかがわかる。地場産業としての皮革産業がさかんだったからである。

新制中学の第一期生だった大矢さんは、卒業すると母親の従兄弟のもとに、靴の縫製の見習いにはいった。丁稚奉公である。普通は三年の年期が必要とされていたが、大矢さんは一年八カ月で仕事を憶えて帰ってきた。それでそのまま独立した。まだ一七歳だった。

甲革師《こうかわし》となったのだが、二年後に一五〇万円で家を新築した、というから豪勢である。そのころ、おなじ年の友人たちの日当が、一三〇円程度にすぎなかったときに、五〇〇〇円にもなった、という。

そのころから、街にあらわれたスクーターを買って、遊びまわっていた。どうして、そんなにカネまわりがよかったのか。普通、甲革師は、親方がもってくる材料を加工するだけの賃仕事だった。が、大矢さんは、高木地区の親戚から革の原料を安くわけてもらって甲革をつくり、それを自分で販売した。

いきなり親方になったのだ。一〇代の少年にしては、大胆だった。

甲革は一足分で一二五〇円から一五〇〇円になった。工賃だけなら一三〇円にしかならない。中卒の弟子をとって、一日に二〇足はつくった。

このころ、大工の棟梁でさえ、日当五五〇円だったから、一〇代でそれをはるかに上まわる高収入になった。

その資金で、さまざまな色の革をそろえるようにした。一枚の革は、牛の図体《ずうたい》の片面ほどの大きさである。ところが、靴の注文をとってくる親方には、その大きさの面積はいらない。せいぜい二、三足分である。

大矢さんのところへいけば、いろんな色の甲革をそろえることができる。ときには親方連中が集まってくるようになった。だから、大矢さんは大量の革をさばけることになった。これまた大胆な商法だった。

皮革加工へ転換

昭和五〇年代にはいると、大矢さんは自分の家で完成品をつくって、問屋や靴の小売店へ卸すようになった。業者はたいがい、二、三人の底付け師（靴工）をかかえている程度である。だから、一〇人ほどかかえ、一日に一〇足以上つくっていた大矢さんの家は、大規模なほうにはいる。月に二五〇〇足の家内工業である。

ひとつのデザインで一二足をセットにする。男の靴なら需要の多い、二四、二四・五、二五センチを三足ずつ。女ものなら二三・五を四足、二三を三足というように品揃えをする。

ところが、好調だった経営も、まもなく既成靴がでまわるようになって打撃を受ける。手縫いの靴は斜陽になった。神戸でのケミカルシューズの生産がふえて、靴も大量生産、廉売の時代にむかうようになる。

大矢さんによれば、神戸は貸し工場でやっているので、デザインで負けて倒産しても、また立ち直るチャンスがある。ところが、「ここにいるわれわれは、いっぺん失敗すると、近所の評判が悪くなって、たちあがれない」。

既成靴に押されて赤字になってきたので、大矢さんは靴の生産をやめて、縫製専門、大手メーカーの下請けになった。が、それも技術を必要とするので、息子に引き継ぐのがむずかしい、と考えて、皮革加工に転じた。

七六年に、バンドナイフ（皮を漉《す》く機械）などの加工機械やパドルを導入した。従業員が一四、五人だった。

塩づけされている原皮をパドルにいれてもどし、皮をふたつに割る。すると、表面の銀つきと床皮に分離する。床皮は作業手袋や底皮、「ワニ」、「トカゲ」の皮に化けたりする。銀つきの面（銀面）を磨いて半成品にする。大矢さんの工場でやらない工程は、染色（塗装）作業だけである。大矢さんは、最終製品（靴）の生産から原料加工へと、流通過程をさかのぼったことになる。

靴をつくるときに、皮を漉く作業がある。昔はバンドナイフがなかったので、みんな手で漉きわりしていた。皮の加工には、その技術を応用できた。新規参入だが、皮をあつかう仕事には変わりない。靴から皮への転換がおくれたのは、靴が好調だったので、それにひきずられていたから、といえるのかもしれない。といっても、転換するための資本を貯えていたことをもあらわしていた。

さいきんになって、それぞれの皮革メーカーは、一貫生産をやめて、工程別に分業を担当するようになった。大矢さんが、賃加工からはじめたのは、原皮を自分で購入するリスクが大きすぎるからである。それに自分で製品化したものを売りさばくのは、手形の商売だからこれまたリスクが大きい。それで倒産したところは多い。

「賃加工は儲けはすくないけど、堅い」と大矢さんはいう。

輸入されてきた塩づけの原皮は、パドルに一日以上いれておく。ここで汚物と塩分を水で落としてもとの皮にもどす。そのあと、石灰につけて毛根から毛を抜きとる。毛を抜きとった面が銀面である。皮の裏側の不要物を取り除いて（ブラッシング）、マシン（バンドナイフ）で皮を二分する。

わたしは、工程を説明する大矢さんの話をうかがいながら、前に紹介した「北中皮革」の労働者たちの詩を想い起こしていた。皮革生産を謳《うた》った詩は珍しいので、さらに紹介しておきたい。

皮の陣痛　　　　上田繁喜

『お早よう』
『おーす』
互いに口元を離れて行つた波紋が
閉切つた窓辺に跳返る
ゆつくりゴムエプロンの紐を締める
快ろ良い緊張。

やがてガラガラ回転する歯車の響に
朝の澄切つた空気がゆれ始める。

数十瓩《キロ》の牛皮をぐつと引揚げ
二人でローリングの間にほり込む
『クラツチ』がガチヤンと音を立てる
ザザーッ
脱穀機の先に飛出す籾粒のように
白い皮下脂肪が吹飛ぶ。

俺等は中腹のまゝで
重い牛皮を引きずり
ベトベトする脂肪を切り落すと
水槽のそばへ積上げる。
ふと視線を上げる、と、
N君の真赤な顔がぐつとゆがんだ

牛皮を握りしめた腕の
盛上つた筋肉
半身をぐつとひねる
空間をすーとなで
投網の様に拡がる一瞬
それは鈍い響きの中へ
くずれ落ちる
飛沫がぱつと散つて
俺等の作業衣の上に降りかゝつた
其の時
夢中で脂肪の塊を摑んでいた。

じりじり額をなめ廻る汗。
首筋をなで作業衣の
背中にしみ込む汗。
呼吸が途切れ

心臓が高く波打ちながら、
烈しい疲労が俺等の上に
のしかゝつてくる。

原皮からの賃加工

大矢さんによれば、このあとの「鞣し」工程で、ドラムのなかのクスリ（薬品）の調合や時間は、注文主の皮革会社の指示でおこなわれる。微妙でむずかしい工程だが、薬品メーカーが、こまかなデータを提供してくれる、という。

そのあとの、染色、セッター（伸ばし）、乾燥（ガラス、真空、網張り）、塗装、アイロンなどの工程がある。

高木地区で、その一工程だけを請け負っている工場を、わたしもいくつか見学している。それぞれが、一国一城の主である。皮の生産の部分を請け負うのは、原皮をあつかうリスクを避けるためである。それに製品の納入先が倒産する危険もある。請け負いにしていれば、堅い相手を選ぶことができる。それが大矢さんの判断である。

原料である原皮と製品の間の価格差がすくなすぎる、と大矢さんはいう。

原皮は一万円程度だが、これまで紹介してきた工程のコストをすべてふくんで、製品価格は二万円。純利益は、一枚あたり二〇〇〇～三〇〇〇円とか。すくないときでは、一五〇〇円程度にしかならない。

原皮にはいばら傷が多い。牛は体についたダニや虫がかゆいので、牧場の柵の有刺鉄線に体をこすりつける。それで商品となる毛皮に傷がついていて、歩留まりが悪い。それに糞がついたりしていて、皮膚が傷《いた》んでいる。

さいきん、アメリカの好況がつづいているので、カーシートの需要がふえている。この革張りの需要は、車一台で三頭分ほどにもなる。それに革ハンドルもある。

二〇年ほど前には、ブーツのブームがあった。これによって、需要が爆発的にふえた。それまでは一頭分で、三〇人ほどの革靴がつくられていたのが、丈の高いブーツでは五、六人分にしかならない。それで革がどんどんでるようになった。

「このころは、朝はやくから、夜の一一時まではたらいた。儲かって儲かって」

銀面が二万円だったが、その下についている「床革」が二〇〇〇円で売れた。おなじ原料だから余緑《よろく》となった。月に四〇〇枚を処理すれば、八〇万円の収入になった。これが原皮をあつかっている旨味《うまみ》だったが、いまはいい床革でも三五〇円程度とか。

韓国には、一メーカーで月に五〇〇〇枚生産するところもある。日本では最大の「山陽」でさえ、一五〇〇枚だから、規模がちがう。そういえば、わたしの革のショルダーバッグは、安いと思って買ったのだが、韓国製だった。

原皮の価格は、日本のほうが安いのだそうだ。薄いので、衣料関係やカーシートなどにはいいのだが、紳士靴には、ヨーロッパの牛のほうが厚くていい。ヨーロッパの牛の皮は、アメリカの皮よりも厚いとのことである。

日本で生産されている牛革の六割以上は北米産、そのつぎがオーストラリアである。オーストラリア産は放牧のため図体が大きく、ダニが多い、とは大矢さんの評価である。

ブロイラーの鶏は、七〇日で鳥肉にされる。それとおなじように、アメリカの牛の飼育は、日数で管理されていて、余計に大きくさせないそうだ。価格も管理されている。

一ドル三六〇円時代でも、円高で一〇〇円になっても、およそ一枚一万円に変わりはない。日本の皮は六〇〇〇円程度である。

「牛はほとんど去勢牛や。去勢牛のほうが皮がいい。大きくなるのも早《はよ》うて、肉もやわいのとちがうかな」

いまでも大矢さんは、四時には出勤している。六時には全社員がそろっている。息子さんが後継者だが、大矢さんは現役である。一〇代から時代の荒波を潜り抜けてきた。腹の据わった経営者である。


（『ひょうご部落解放』七八号・一九九七年一一月〜八八号・一九九九年七月をもとに加筆修正）

第二部

高木地区、あらたな挑戦

月刊誌『部落解放』で各地の屠場を取材し、連載した（『ドキュメント屠場』岩波新書）御縁によって、ドキュメンタリー映画『ある精肉店のはなし』（纐纈《はなぶさ》あや監督）の主人公、大阪府貝塚市の北出《きたで》昭さん、新司さん兄弟との知遇をえた。

それで映画のハイライト、北出家最後の屠畜解体作業に、わたしも立ち会うことができた。この映画は、川端にある、北出家の牛舎から曳《ひ》きだされた雄牛を、すぐちかくの貝塚市立と蓄場まで、手綱を曳いていくシーンからはじまる。

北出兄弟が呼吸を合わせ、昔ながらの「手捌《てさば》き」で、六〇〇キロほどの牛を丸ごと解体する、貴重な記録映画である。ふたりの動きにまったく無駄がないのは、子どものころから父親の仕事を手伝ってきたからだ。いま食肉工場では分業化され、なん工程かに分解されている作業である。

取りだされたばかりの内臓を、兄弟の妻ふたりが水洗いしている。工場ではラインから外れた、下請け化されている工程だ。たったいままで、自宅で家族のように大事に飼われていた牛が、心をこめて丁寧にあつかわれていく様子に、いのちにまるごと付き合っているのを感じさせられる。

この息詰まる様を見学したあと、包丁一本で捌《さば》かれた分厚い牛皮が、庭にもちだされて大きくひろげられ、万遍なく塩を塗られていく。その開放的な光景を眺めながら、わたしは姫路市高木地区の皮革工場を想い起こしていた。

屠場から送られてきた原皮は、パドルと呼ばれる木製の巨大な樽《たる》に入れられて、ぐるぐる回っている。高木地区の露地を歩いていると、あっちこっちで、はじけるような幽《かす》かな水の音がしていた。

高木の白鞣革の歴史

姫路市は国宝姫路城とならんで、「姫路革」（白鞣革《しろなめし》）でもよく知られている。『ドキュメント 屠場』の取材で、東京、横浜、大阪、四国徳島をまわったあと、わたしは、屠畜のあとの皮革生産を知るべく、高木地区の取材をはじめた。辺りを睥睨《へいげい》して聳《そそ》り立つ、姫路城城下の東側を流れ下って播磨灘《はりまなだ》にそそぐ、水量豊かな市川の流域にひろがる高木地区は、白鞣革を生産し、姫路革をささえてきた地域である。

そのときは知識がなかったのだが、北出さんの精肉店のある大阪府貝塚市に編入された旧嶋村と姫路の高木地区とは、江戸時代から密接な関係にあったのだ。

江戸時代、西日本各地の皮革は大阪渡辺村に集められました。そこで取引された原皮は、渡辺村から姫路高木村へ運ばれ、なめされたあと、再び渡辺村に集められ、全国各地に流通し、武具、馬具その他の皮製品に加工され売買されていました。

嶋村の場合、草場《くさば》から供給された牛馬の皮は、一部は大坂へ売られ、一部は村の産業である雪駄《せった》の原料にあてられていました（東の歴史と生活を掘りおこす会編・発行『新編嶋村の歴史と生活 第一集―嶋村のおこりと身分制社会』）。

この報告書によれば、発掘された遺跡が、一四世紀〜一五世紀の室町時代に、嶋村の北境川《きたさかいがわ》のほとりで動物を解体し、皮革を生産する人たちがいたことを証明している。

北境川は鞣《なめ》しに必要なバクテリアが豊富だった。姫路城下の市川もまたバクテリアが多く、毛皮を干す川原が広かった。

『嶋村の歴史と生活』に登場する「渡辺村」は、文政年間（一八二〇年代）毛付き原皮を年間一〇万枚も集積させ、高木村に鞣しを引き受けさせていた。

高木は下職のほか近国の牛馬皮を買い集め鞣した商い革を年六〇〇〇〇枚程渡辺村へ売り渡していた（のびしょうじ『皮革《かわ》の歴史と民俗』解放出版社）。

そのすこしあとの高木村の様子が、『皮革産業沿革史 上巻』（東京皮革青年会刊）に、つぎのように描かれている。

大地主の仁太夫が、高木村の「白鞣革」を支配していた。彼は村の全耕地面積の六三パーセントにおよぶ田畑一四町五反を所有していて、他人の土地を踏まずに隣村に行ける、といわれていた。城郭のような大邸宅に住み、村民から「親方」「旦那」とよばれていた。大阪の問屋から原皮を受け取り、飾磨《しかま》郡四郷《しごう》村の港に陸揚げし、高瀬舟に積み替えて市川を遡行、村民に割り当て、賃加工させていた。

加工賃は、ほとんどが借金の分引きで、「仁太夫の富裕化に対して、高木全村民は貧窮化し、ついに彼に隷属していった」と『皮革産業沿革史 上巻』にある。

姫路藩は高木村に「革会所」を置き、御用商人に運営させ、運上金を賦課した。大阪商人と地元の地主との二重支配のもとで、白鞣革が生産されていたようだ。

白鞣革の生産過程

白鞣革の生産は、わたしも実演したのを見学したことがあるが、なたね油と塩で湿した原皮を足で踏み、さらに両手で揉《も》み、好天に晒《さら》す。純白な鞣し革は重労働の結晶である。

一九一〇（明治四三）年六月号の『皮革世界』に、「姫路革の近況」との記事がある。ここでは生産の困難さについて、こう書かれている。

維新以来は益々発達し、年々盛大になれり。然れどもその工業組織はいまだ幼稚にして、すべて旧態を踏襲し、精白鞣軟の作業はすべて職工の足踏みによってせられ、非常の時間と熟練なる労力とを要するが故に、一時的生産力の伸縮は甚だしく、その自在を欠けり。

この記事には、生産性の低い姫路革に代わって、「ロシア革」の生産がはじまった、とも書かれている。日露戦争が、寒冷地での戦闘に革製品が必要不可欠と知らせ、需要を拡大させた。皮肉なことに、日露戦争でのロシア人捕虜・ミハウ・ムラスキが、クロム製法の技術を日本に伝え、高木にも機械制工場（北中皮革、山陽皮革など）が創設されるようになる。

余談だが、『嶋村の歴史と生活』に引用されている江戸時代の古文書に、死牛馬の処理の過程で肉が調理され、食用に供されていた。岸和田藩の武士から嶋村の庄屋に肉の注文があった、とも記述されている。

江戸幕府は、元禄二（一六八九）年に肉食禁断令をだしていたが、それ以降も武士たちは肉を好んで食していた。姫路ちかくの明石城の武家屋敷や江戸屋敷からも、食用にされた犬や牛の骨が発見されている。

高木の皮革工場

高木地区の皮革工場の取材は、部落解放同盟の金田頼一《よりかず》支部長のご協力によるものだった。金田さんはいま、兵庫県企業連の理事長に転出されている。高木の現状はどうなのか。今回もまたなん軒かの工場を案内していただいた。

「安倍内閣になってからの円安で、輸入原料が上がったけど、製品は上がらない。原料高の製品安。国際競争が厳しくなって、どこも経営は苦しい。それでも、若手経営者が、新しい道を切り拓くための努力をしている」

金田さんの説明は簡にして明である。

横長、二階建ての皮革工場（三階に皮干し場をもつ工場もある）が密集している高木地区を歩いても、ひっそりしていて、かつての賑《にぎ》わいがない。あのころは、どこもかしこも、路地の奥でパドルがクルクル回っていた。いまは門を閉ざして静まりかえった工場が目につく。

皮革工場に見切りをつけ、若者たちが外に出ていく。その分だけ、外国人労働者がふえてきた。それは二〇年ほど前、取材したときから、すこしずつはじまっていた。

日本タンナーズ協会の『平成二五年度 製革業実態調査報告書』によると、兵庫県の成牛革の月間生産販売枚数は、たつの市、姫路市、川西市の三地区で、全国合計の六七パーセントを占め、そのうち、姫路市は高木、御着四郷、網干《あぼし》地区で、一七パーセントを占めている。量的には、松原、譽田《ほんだ》地区を抱えるたつの市が、四五パーセントを占める。

高圧プレスアイロン機で革の表面をきれいにする作業

高木地区の製革工場は、一九九〇年に一二七社、従業者数八三九人だった。ところが、それから二三年たった二〇一三年には、七一社三三一人と、ほぼ四割方の減少となっている。

これを全国の実態とくらべてみると、一九九〇年五七六社七二五〇人だったのが、二〇一三年は三一九社二七九二人へと減少している。高木地区が全国平均の減少率より少ないのは、企業努力があったから、と考えられる。

残っている各企業ともに、従業員数を減らしているのは（高木地区は六・六人から四・七人へ）、人手不足と企業規模の縮小を示している。

それでも、あらたな意欲で立ちむかう三代目がいる。父親の世代まで、仕入れも販売も問屋任せだった。が、独自に販路を拡大し、二次製品に進出している経営者があらわれた。付加価値を高め、自社ブランドを売り込んでいる、と金田さんが強調した。

カラフルな西陣織の柄をプリントした革製品などに挑戦するメーカーや革を造るだけではなく、デザイナーと協力して、鞄などの製品も手がける。そのとき、縫製や金具や備品の美しさと強さが問われる。あらたな商品化を自分たちで考え、自分たちで克服する後継者があらわれてきた、というから心強い。

皮革産業のあらたな道

金田さんが最初に案内したのが、「協伸」の金田陽司社長（53）である。

技術者タイプで、年齢よりはかなり若い。創業は一九一〇（明治四三）年というので、もう百年が経った。祖父の代からの三代目。「ザレザ」（ザ・レザー）をブランド名にして、男用の鞄の素材の生産だが、デザイン、裁断、縫製、アフターケアにまでかかわる。意欲的な経営である。

経営を任されてから、着色、真空乾燥などの機械化を進めた。イタリアまででかけ、つかいやすいように、機械の改造に注文をつけた。機械の購入を商社に任せなかったのは、父親の代のような問屋依存からの脱却を図ったからである。

陽司社長は、高卒後、ドイツに六年ほど留学した。それが高校生のときからの夢だった。八四年に皮革技術指導者の国家資格「レザーテクニカー」を取得していた。これはマイスターを指導する資格である。

学校には、ドイツの皮革会社の子弟が多く学んでいた。牛、豚、馬をはじめ山羊、羊、爬虫類《はちゅうるい》までの鞣しかたや薬品の調合を学んだ。資格をとったあと、スイスやカナダの薬品メーカーをまわって、一年ほど研鑽《けんさん》を積み、八五年に帰国した。現地で知り合った妻はドイツ人で、三人娘のうちの二人は、会社の工場現場で働いている。国際的な皮革経営である。

これまでのように、生産した皮革がなににつかわれているのかわからない、販売も金融も問屋に依存する、というのではない。製品にまでかかわって、主体的に皮革を開発していく、という近代経営を「協伸」はめざしている。

消費者が求めるものをつくる、という姿勢である。素材を求める消費者もいる。インターネット販売のほかにも、東急ハンズなど小売店にもだす。

「ザレザ」は、皮革の色合い、柔らかさ、風合いなどの多様性を追求している。皮革にプリントするのではなく、写真やイラストを染色してデザインする「グラフィックレザー」は特許をとった。

姫路城の桜から色素を抽出して染料にする、草木染め「ボタニカルレザー」も開発した。毎年ちがう桜の色と匂いもだしたい、と陽司社長は、夢を語った。

わたしは、四〇代から五〇代ころまで、冬は革ジャンを愛用していた。ところが、歳をとってくると、革のジャンパーや鞄は重くて、いまは軽い布製にしている。

そんな話になった。と、陽司社長は、いまは厚さが〇・三ミリでも破けず、温かい新素材も開発された、という。これまでは薄くても、一・二ミリから一ミリだったから、四分の一から三分の一まで、そぎ落とされた。洗濯ができる素材もある。

革と繊維を組み合わせた「ウエブレザー」も開発中だそうだ。陽司社長の話には意表を衝《つ》かれることばかりだった。革製品は丈夫だが、高くて高級感があったが、いつの間にか繊維会社が開発する合成繊維にとって代わられるようになった。

それには、いきすぎた動物愛護運動も影響している。わたしが奈良でお会いした三味線の皮を生産していたひとは、「猫騒動」に巻き込まれ、まるで猫どろぼうのようにいわれて気落ちしていた。その表情がわすれられない。

そのころ、三味線は猫皮でなくても、合成皮革でいい、といわれたりしていたのだ。

わたしは、やはり奈良で鹿革の印伝の袋をつくっていた西峠さんと親しくしていただいて、頂戴した革の巾着を形見として大事に使わせてもらっている。手触りと落ちついた渋さ。美しさと風合いは、革製品独自のものである。

陽司社長は革製品を長くつかってほしい、という。昔通りにやっていればいい、という時代ではない。どんなニーズがあるのか、自分たちになにができるのか。日々研究していきたい。いろんなことに挑戦していきたい、と語った。

事務所に置いてある革の見本をみると、さまざまな色合いの革がある。気品のある光沢と高級感は、魅力的だ。日本の皮革を海外で認めさせたい。ヨーロッパに進出したい、というのが彼の夢である。

ファッション性では、まだイタリアなどにくらべて劣っている。しかし、日本人の感覚は繊細で、品質のいい革ができるようになった。ヨーロッパへの逆進出の可能性はたかい、と陽司社長は楽観している。

白鞣しのルーツ

姫路市花田町高木は、日本皮革史のなかで、「白鞙《しろなめし》」革の名とともによく知られている。古名は「古志鞙《こしたん》」。「白鞙《はくたん》」、あるいは「鞙」ともよばれていた。古志は「越」とも表記されたりする。

姫路革は「白鞣《しろなめ》し」として、武具、文庫、袋物の生地として全国に普及したが、その発信地が「花田町高木」である。この伝説的地域の後継者たちが、いま皮革の生き残りを賭けて、革の革命を模索している。

そもそも、皮革の伝来は、『日本書記』では、仁賢《にんけん》天皇六年（西暦四九三年）、隣国の高句麗《こうくり》へ派遣されていた「日鷹吉士《ひたかのきし》」がふたりの工匠を連れてきたのが嚆矢《こうし》とされている。「吉士」とは新羅《しらぎ》の官名の「吉師」のことであり、帰化した朝鮮半島人の尊敬語、という。かれらは大和（奈良県）の額田《ぬかた》に定着し、「熟皮《かわおし》（滑らかにする）高麗《こま》」とよばれ、のちに律令制度の「狛《こま》部《べ》」（高麗）、「典革《てんかく》」の官職に就き、金銀を司る内蔵寮の勤務となった。

したがって、天皇にとって最も枢要な場所の一角に、高句麗から渡来してきた皮革技術指導者の子孫が仕えていたことになるのである（木村吾郎『現代皮革工業の研究』明石書店）。

工匠は最初、但馬国（兵庫県北部）円山川の川辺で鞣しを試みたがうまくいかなかった。そこで移動して播磨国（兵庫県南西部）の市川に到達して再挑戦、ようやく成果をあげることができた、とつたえられている。市川の河口から上流へ一〇キロの距離にある、高木地区あたりの川水が、皮の毛根部にバクテリアを発生しやすく、脱毛の効用が大きい（いまは触媒として酵素を使う）とか。

この渡来の技術が高木の人たちに伝承されたようだが、一方では、出雲の国（島根県）古志村が、「古志鞡」の産地だった、との説もある（武本力『日本の皮革―その近代化と先覚者と』東洋経済新報社）。

しかし、日本海に面した多雨陰湿の出雲よりも、瀬戸内の播磨高木のほうが地勢上、四季快晴に恵まれ、早くから隆昌《りゅうしょう》の域に達していた、ともいわれている。

高木地区に白鞣革が発達した要因として、市川のおだやかな流水と広い川原、西日本に飼育されている牛が多かった、気候温暖、海に近く原皮の保存に必要な塩が生産されていた、大阪、京都など大消費地が控えていた、などが挙げられている。

主君信長に命じられ、姫路城増改築に乗り出した秀吉が、天正八（一五八〇）年九月、軍事訓練もあって、高木の山に陣を敷いた。このとき、ひとりの老婦人が一枚の白鞣革を差し出した、との伝説もある。そのときのお礼として秀吉に掘ってもらった、といわれているのが、高木に残されている、「太閤《たいこう》井戸」である。

それはともかく、秀吉は信長に播州土産として、「滑《ママ》革二百枚」などを武具調達のために、姫路白鞣革を献上していた（前出『創立15周年記念誌 兵庫県皮革産業の歩み 皮翔』）、という。

徳川時代の文政七（一八二四）年、高木村に姫路藩直営の「革会所」が設置された。このあと、鞣製《じゅうせい》、加工ともに、すべての製品は藩の統制下に置かれ、収益は大商人と結託した藩の財政に吸収されることになった。

やがて、明治期に入って、日清、日露戦争のために、大量の皮革が軍需用として生産されるようになる。

鞣しの方法も、植物性タンニン鞣し、塩基性硫酸クロム鞣しなど、洋式の製法がとってかわり、柔軟優美な白鞣革は、駆逐されるようになる。

自然とともに生きる職人

高木地区について、白鞣革の歴史から書きはじめたのは、高木の後継者たちのプライドについて書きたかったためだが、自然の摂理のなかでの革の生産に、わたしが魅力を感じていたこともあった。

森本正彦さんは、高木にひとりだけ残った白鞣し職人である。わたしも、大阪人権博物館が主催した、森本さんの実演会を見学したことがある。太田恭治さんの興味深いインタビュー「川を工場として―白鞣し職人・森本正彦さんに聞く」が、『ひょうご部落解放』九一号に掲載されている。以下は、森本さんの話を要約したものである。

牛を解体したあと、塩漬けにされていた原皮を、ロープで繋《つな》いで川に漬ける。油断すると増水した水に押し流される。高木地区から、遠くに望まれる姫路城のむこうに、鉛色の雲があらわれると夕立がやってくる。飯時でも川に駈けつけて原皮を引き上げなければならない。重労働である。

こうして、一年中、川と空ばっかりを眺めて暮らしている。だから妻と子どもたちから不満がでる。一二月は鉛色の空が多い。すると森本さんは不機嫌になる、と家族は心配する。

「日が短いから、日照時間も少ない。それなのに正月が近づいてくると、たとえ百円の金でも欲しいし、焦るわけですよ。とくにそういう時はこっちの気も重いし、女房にしてみれば正月が来るのにっていうふうなこともあるしね。そういうのがかみ合うてそうなるんでしょうね」

自然とともに生きる仕事である。流れる川は工場の生産設備でもある。「あの川も自分の工場の一部ですからね、天然工場です」と森本さんは述懐している。電力はいらない。自然の営為が生産手段なのだ。

幻の黄金の革の再現

「前實《まえみ》製革所」を訪問して驚かされたのは、牛革に色鮮やかな友禅染めを施《ほどこ》した、ソファや鞄が飾られていたからだ。言われてみなければ、革だとは気がつかないほどに、ごく自然な色調だった。

社名の「前實」は先代の前田實生《みのる》さんの名をとった。この先代が三〇年ほど前に、姫革《ひめかわ》に京都の友禅職人が彩色することを考案した。しかし、二代目の前田大伸さん（48）によれば、友禅染めをしても、熱処理すると、糊《のり》が落ちにくく、染料もいっしょに流れてしまった、という。

黒が紺色にかわったり、赤がオレンジ色になったりした。革に八色ほどの色を乗せるなど、尋常の沙汰ではなかった。だれも思いつかない仕事だった。どうにか、染色が安定するようになっても、普通の皮革よりも価格が倍以上になって、最初のころは、需要がなかなか着かなかった。

そのあと、前實製革所は、イタリア・ルネッサンスの皮革で、いまは生産が途絶えていた、幻の黄金の革「クオイドーロ」の再現を成功させた。

二〇一四年三月に経済産業省のがんばる中小企業・小規模事業者三〇〇社に選定され、九月にはイタリアでおこなわれた、世界最大のミペル・バッグショーのパノラマ部門で、ノミネート受賞した。

前田大伸さんは、「革は工場で一枚一枚、表情がちがう。天候、気温、湿度でもちがう。その個性を生かした、皮から革へ生まれ変わる、『変革』を大事にしたい」という。

高級皮革の生産

「オンリーワン」。それが手づくりの革製品の魅力のようだ。「坂本商店」は、二〇一四年の四月、香港でひらかれていた、世界最大級の「皮革素材・製造技術」展（出品一二〇〇社）のコンテストで、「ベスト・ニュー・レザー大賞」を受賞した。同社が製作している「黒桟革《くろさんがわ》」が素材分野で評価されたのだ。

黒桟革は漆《うるし》を塗った、剣道の天覧試合などにつかわれる、防具用高級胴や甲冑《かっちゅう》の素材である。高級胴はたくさん売れるものではないけれど、なくなるものではない。この古来からの日本の伝統的な技術を、新しい製品へ挑戦するためにつかいたい、と坂本弘さんはいう。

アジアパシフィックレザーフェアでグランプリ受賞した坂本商店の黒桟革（写真右）。漆を塗る前の下地の革を開いて説明

父親が完成させた技術が、世界の晴れ舞台で認められたことは、伝統の姫路革の光栄でもある。

「新喜皮革」は、社長の新田常喜さん（75）の姓名の二字をとった社名である。「コードバン」（馬の臀部《でんぶ》の革）のメーカーとして、新喜皮革の名前はよく知られている。

新田さんは、高校を卒業してから、それまでの家業の手伝いから本格的に仕事に従事し始める。一九七三年、当時唯一の植物タンニン鞣しコードバン製造工場（東京）で研修を受け、コードバン・植物タンニン革の製造を学んだ。

コードバンは、「革のダイヤモンド」「革の王様」とよばれている。馬の臀部の皮を鞣して、そこにしかない、緻密な繊維層を裏側から削り出して磨きあげたコードバンは、製品化するまで一〇カ月を要する。だから、手間暇がかかるコードバンなど、つくろうとするひとがいなかった。

一九七五年、新喜皮革はコードバンクラスト革の製造販売を開始した。

コードバンは、牛革皮よりも強度があるが、生産に手間がかかることもあって、希少価値が高い。この皮革の技術を学んだ新田さんには、先見の明があった。

皮革産業は、牛革の靴が主流だったが、いまは付加価値のたかい、高級皮革の需要が拡大するようになった。

一九九八年に、社名を「有限会社新喜皮革」と変更、専務がフランス・リヨンの公立職業学校皮革科での修業から帰国後、本格的にコードバン仕上げ工程をおこなっている。また、新喜皮革は、生産ばかりではなく、別会社では二次加工販売もおこなっている。新喜皮革の馬革は高品質で、世界屈指のタンナー（皮革業者）である。

二〇〇九年、月産枚数は丸革約四〇〇〇～五〇〇〇枚となり、二〇一一年には創業六〇周年を迎えた。

馬革の国際的な競争

高木には馬皮を使用している企業が一〇社あり全国でも馬皮を使用している企業は一六社しかない中で、その六二・五パーセントが集中している地区である（日本タンナーズ協会『平成二五年度　製革業実態調査報告書』）。

（有）新喜皮革で馬革のコードバンの製造工程

新田常博さんは、「新田製革所」を創業、各種馬革・牛革を製造している。生産量の多い牛革でも、原皮の八五パーセントは輸入だが、馬皮はアメリカ、フランス、ポーランドなどからの輸入一〇〇パーセントである。

牛にくらべて馬は皮が薄いので、あつかいかたは慎重である。いまはユーロが四〇パーセントも上がった。原皮は少なく、貴重品扱い。タンニン鞣しだけでなく、クロムもつかう。常博さんは「ハイブリッドだ」という。

新田製革所は、染色用のドラムを六台もっていて、黒色、赤色、ブルーなど、月に三〇〇〇頭をこなしている。生産量は日本一である。輸出も順調だ。香港に加工委託したり、国際的な商品である。馬革は牛の半分ほどの軽さで、柔らかい。ジャケットやハンドバッグに好適だ。

「この業界で生き残るためには、どんなことでもしなくてはいけない」と新田常博さんはいう。品質には国際基準が適用される。デザイナーとの関係を密接にして、独自な商品の開発を進めたい。そのため、俳優にジャケットを着てもらって宣伝したり、と国際的な競争も意識している。高木の地域から、世界をにらんでいる。

「日本の皮革は世界一、との自負があります。安心、安全な革を世界へ出していきたい」

「カドヤ商店」の角谷賢作さんも、三代目をめざす後継者である。名刺に刷られた「馬革」は、プライドをこめて、赤色で強調されている。

「祖父の時代からみると、ずっと下降つづき。昔のほうがよかった。この業界にはいったひとは多いが、やめていったひとも多い。

若いひとがはいってこない。一五年くらい前から、地域には廃業した跡がそのまま残っている」

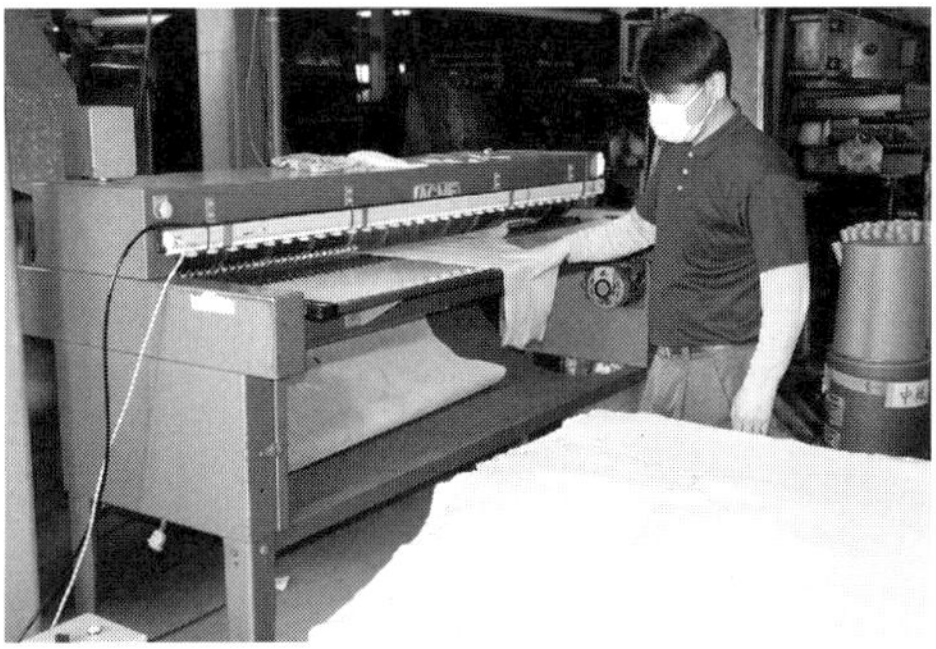
計算機で革の面積を測る

角谷さんは四〇歳そこそこ。若手のホープである。東京のイベントに参加したり、インターネットで販売したり、昔のような問屋任せの大量販売ではなく、個人的な趣味のひとや、商売につかうひとなどに小売りもしている。

アパレル用に、二〇色もの生地がある。目でみても、革とは気がつかない。触ってみても柔らかい。これまで多くの革は靴用に生産されてきたが、これから衣類用の需要がふえる。靴からファッションの時代にかわる。

三代目にして、弟二人もこの業界にはいった。ただ、縫製する人が、阪神・淡路大震災のあと、すくなくなってしまった。それが痛い、という。

前述の『平成二五年度 製革業実態調査報告書』には、馬革について、こう書かれている。

平成二五年の全国の生産実績は（丸革／月産）一・〇万枚、生産設備一・七万枚、操業率五九・三パーセントである。クロムなめしの操業率が五二・〇パーセントにたいして、タンニン鞣し七一・八パーセント、染革・その他七〇・〇パーセントと、クロムなめし以外の操業率が高いことが特徴の革種である。全国の八〇パーセント近くの生産実績をもつ姫路は、二五年の生産実績が二四年に比べて少し減少したものの、全国とほぼおなじような三年間の動向をしめしている。

別表を見ると、三年間の生産実績（馬革）の推移は、二〇一一年六七〇一枚、一二年八一三〇枚、一三年八〇〇〇枚の横ばいとなっている。（いずれも姫路革の馬革の生産実績〈丸革／月産〉）。それでも稼働率は上がっているので、生産設備が削減されていることがわかる。

高木の三代目たちが、国際社会へ逆輸出攻勢をかけているのを知って、わたしは頼もしく思った。

姫路市の市街地から、市川橋を渡ると、皮革のメッカ・高木である。この道のむこうに世界につながる革の道がある。わたしはそれを実感した。

一〇〇〇年以上もつづく、「白鞣革」の伝統と世界を魅了する新しい革の美しさ。伝統と革新がつながる道は、遠く長くつづいていくことと思う。

（『部落解放』二〇一五年二月・七〇五号、同年五月・七〇九号をもとに加筆修正）

北出新司さん・昭さんに聞く　育て、さばいて、売る――貝塚市立と畜場

一九一〇（明治四三）年に設立されて以来一〇二年間、食肉と皮革の生産を担ってきた、大阪府の「貝塚市立と畜場」が、二〇一二年三月末に閉鎖された。ちいさな屠畜場で機械化はされておらず、近在に住む屠畜場使用業者が、屠畜・解体処理をすべておこなっていた。

最後の使用業者となっていた北出《きたで》新司さん・昭さん一家が、二〇一一年一〇月三一日、最後の屠畜・解体作業を公開した。

昔ながらの屠畜

鎌田　北出新司さん（兄）と昭さん（弟）は、ご兄弟おふたりで、屠畜・解体をすべてやっているとうかがい、ぜひ拝見したいと思っていました。今日はほんとうにありがとうございます。

わたしがいままで見学した屠場は、品川、横浜と大阪、それからフランスです。屠畜の仕事はいまはどこも機械を使っていますが、きわめて人間くさい労働で、流れ作業ではあるけれども、労働者集団の熟練度がきわめて高い仕事だ、と見学して感動しました。貝塚市立の屠場では、流れ作業ではなくて丸ごと手むきで、おふたりでぜんぶやっている姿をみることができました。これはほんとうに貴重な例だと思います。

おふたりの作業は軽やかで、そこに熟練度があらわれています。あの軽やかさを得るまでの訓練といいますか、いままで何頭くらい解体してきたんでしょうか。

北出新司（以降、新司）　小学校高学年くらいから、親父が牛をつぶすときには、頭をたたくところで押さえたり、皮をむく横で足を持つような役割をしていました。子どもですから引っ張る力が弱くて。

北出昭（以降、昭）　親父から「手に飯を食わせろ」と、よういわれました。

新司　屠場での親父の仕事について「つぎにどういう補助をせなあかんか、覚えておけ」といわれていました。流れのなかで、枝肉が立ち上がったら内臓のほうにまわってセンマイ（第三胃）洗いだとか。うちの場合は家族的で、親父が中心におって、親父のおばさんが内臓処理をしていました。もう亡くなってしまった上の姉が内臓処理を手伝っていましたね。姉たちや親父たちといっしょに、屠場の仕事を「覚えよう」としたのではなく、自然に身についてきたということです。

屠場だけではなくて肉をさばく仕事もあり、一連の流れをぜんぶ、子どものときからみてきたし、牛をすべて商品としてお金に換えていく過程のなかで生きてきましたから。弟が主に牛を飼って、育てた牛をふたりでつぶして肉にし、小売りするというかたちで生計を立ててきたんです。

鎌田 牛の飼育からはじめて、屠畜してさばいて最後の販売までの一貫生産というか、そのなかに生きて体得し技術を磨いてきた、そういう文化だったんですね。

昭 鎌田さんがいう「熟練」の素地は、店の横には牛の頭が転がっていた、この家に生まれたときから育ってきています。学校から帰ったら牛の世話をし、屠場に行って、最初は牛の足持ちからはじまって、ホルモンの洗い、それから脚を外したりという端っこの仕事から、ナイフのつかいかたを覚えはじめる。皮をむくところが、やっぱりいちばんむずかしい部分なんですね。肉に傷つけないように皮を破らんように、兄の場合でも学校時分からやっていて、さっとむけるまでに五年くらいはかかってる。

鎌田 五年かかりますか。

昭 一〇年で一人前ですね。

新司 そんなにむずかしい仕事ではないと、ぼくは思うんですがね。

鎌田 子ども時代からの体得ですからね。重労働だと思うんですけど、おふたりとも筋骨隆々という感じではないのに、体に馴染《なじ》んでいて軽やかに見える。たとえばアジアの山村で牛や豚を屠畜して村人といっしょに分けて食べて暮らすような、商業生産以前のきわめて芸能的というか、食文化の深い歴史がある。そんな感じの安定感があらわれていると思いました。

新司　ある意味、そうですね。無人島みたいななにもないところでも、人間として生きていく力はあると思います。

昭　ほかの屠場労働者とちがうのは、屠畜だけではないところでしょうね。牛を育てて屠畜して、さばいて、肉を売るところまでぜんぶ負っていますから。

鎌田　食べるひととのつながりが深いんですね。行商もやっていたとお聞きしましたが。

新司　いまもやっていますよ。枝肉を持ち帰って、まず骨を抜き、筋を取り、スライスやステーキに切り分け、お客さんのニーズに合わせてつくり、店舗のほかに車でも行きます。

昭　移動販売車という陳列できるかたちの保冷車です。決まった曜日の決まった時間帯にまわっていくんです。大阪府内ならどこでも行ける許可はあるんですけどね。泉州《せんしゅう》の山手のほうに行きます。だいたい一定量は売れますよ。

鎌田　スーパーよりおいしいということでしょうね。

新司　お客さんは、主に高齢者ですね。スーパーが遠くて行けないのでしょう。

鎌田　昔からリヤカーかなにかでやっていたんですか。

新司　それはありません。卸業をやっていたのを、父親の代で小売店に変えたことになると思います。昔、運搬に使っていたのは「肩引き車」です。

「包丁一本、腕一本」

鎌田　新司さんがお書きになった文章のなかに「包丁一本、腕一本」という言葉がありますが、これはキーワードだと思うんです。ほんとうに包丁一本、腕一本でぜんぶやる、牛とのかかわりかたが神々《こうごう》しいと思いました。

エジプトのピラミッドの中をみにいったことがあるんですが、その壁画におふたりと同じように牛を寝かせて解体する絵があったんですね。古代エジプト時代と同じことをいまでも受け継いでやっている。牛のいのちと人間の労働が、そういうかたちで向きあっていることにも感動しました。いまは、どこの屠場でもたいてい機械化されていて、皮むきもナイフをつかうのは最初くらいで、あとはローラーで巻き取ってしまいます。一瞬ですよね。手作業だと一〇分から一五分くらいかかっているし重労働ですけど、機械化しようとは思われませんでしたか。

新司　思いませんでした。機械化された屠場では主にエアナイフでやっています。ここは、貝塚市のちいさな行政のなかでやっている小さな屠場なので、設備にお金をかけないということと、大阪市に大きな屠場があって、車で三〇分もあれば行けます。流通の関係で貝塚の屠畜場が必要かといわれれば、もう時代遅れだということですね。

歴史的にいって、この貝塚の地に屠場があって、脈々とつづく何軒かがその屠場をつかって生計を立てていた。行政の協力もあって貝塚はかろうじて残っていたけれども、その何軒かの業者が一、二業者ということになれば、やっぱり厳しい状況になってきます。

鎌田　生き残ってきた理由は、こちらの熱意でしょうか。市立の屠場としてのシステム、つまり飼育した牛を持っていって処理場を借りるというかたちだからでしょうか。

新司　そうですね。使用料を払って、自ら牛を運んでいって、自ら屠畜して持ち帰り、商売しているわけだから、いったん建ててしまえば、ランニングコストは水と電気代だけというようなかたちで、行政的には負担がかかっていないんですね。

鎌田　ただ、産業的にいえば、使用料を払って生産から販売までできる人が、周辺に複数いないと成立しないということですよね。

新司　それが、ずっと代々、うちです。

昭　ほとんど一族です。つながってやってきたということやね。

鎌田　それがすごく不思議な感じがするんですね。よく残ってきたなあと思いますよ。どうして残りえたかということですよね。

昭　ここのようなちいさな屠場というのは、和歌山の紀の川沿いの各同和地区にもあったんですよ。和歌山市立のちいさな屠場が去年の春だったかに閉めましたけどね。和歌山市内にもあちこちにあったんですよ。そのプラントに職員がいるわけです。なににいちばんお金がかかるかといえば、人件費なんですね。それが、ここには必要なかった。どこの屠場も、もともとは業者がやってきた部分があって、数や頻度が高くなって、ムラ自体が食肉で生計を立てているところは、牛の導入を増やし処理数を多くして、大きくしていったんです。

新司 というか、ここは市場をもっていません。市場の問題やと思いますよ。

昭 それもあります。

新司 市場が併設されていないので、一般の人たちが買いにこないから、代々引き継がれてきたシステムにのっている業者のみが牛を持ち込んで、屠畜して持ち帰る。

昭 コストや市場の問題もありますが、ひとつは行政ですね。貝塚市は日本一長い、四〇年間在任した市長がいました。「同対審答申」のころから市長になって、昨年、引退されましたけどね。屠場の費用対効果で、割っている数（屠畜数）が少ないと議会が追及してきても、「人件費はかかっていないし、そこで生活している人がいて、歴史的にも守られてきたところだ」と、そんな質問をその市長がいなしてくれていました。

鎌田 そういう行政的な保護もあったわけですね。

新司 もちろん、一〇期続いた市長の思いもあるんやけど、市長はうちの地区の歴史性をちゃんと見ていた人だと思います。いまは「貝塚市立と畜場」ですが、最初、一九一〇年にできたときは、嶋村村立屠畜場でした。ここ東地区は、貝塚町と合併後「東」とよばれるようになりましたが、合併前は「嶋村」だったんです。嶋村の時代から、銭湯と屠場の使用料の上がりでムラを運営してきたんです。

昭　歴史的に見ると、屠場と銭湯の上がりで町会運営ができたということを、うちのムラのひともあまり知らないと思うんですよ。ここにあった保育所も東町がやっていたんです。それが、同和対策事業がはじまって貝塚市立になって移転したんですね。

鎌田　重要な財源だったということですね。

新司　そうですね。ただ、うちのムラで食肉に携わる者は北出の一族、うちの親戚《しんせき》がほとんどです。ほかの産業いうたら、雪踏《せった》づくりであったり、くず買いであったり。

人間の思い込み

鎌田　ぼくは『ドキュメント 屠場』（岩波新書）という本を書いていて、ときどき差別の問題や屠場の話をしたりするんです。すると、ぼくの話を聞いたひとが「それでもやっぱり牛がかわいそうだ」というから、頭にきてしまう。牛が自分の運命を予感して前の晩に啼《な》いているという話がけっこうつたわっていますが、それはないと思いますよ。ぼくもいろいろ見てきてわかるんですけど、豚にしても牛にしても、その瞬間までなにも知らない。

昭 知らないです。たまたま啼いているだけです。目が痛いから涙を流してね。

鎌田 いままでとまったくちがう環境にきたから、窮屈だからというのがあって、態度がすこしちがうわけでね。そういう人間の思い込みのなかに差別があるんだということを、もっと強調したほうがいいと思うんですけどね。

昭 今日の牛でもね、「牛舎にいるけど、みにくるか」って声をかけたら、「かわいそうでみられない」というひともいるんですよ。なにをいうてるねん、あんた、肉、食べるやろっていう話ですわ。

この仕事をしていて力はあるんで、祭りでもだんじりの前デコを一四年間しています。力がいる危険なところなんですがね。「昭はすごいな、牛一頭担ぐんやから」っていわれるんやけど、六〇〇キロ以上の牛を七〇キロ足らずの人間が担げますか。それはパワーを評価してくれているのか、どうなのか。あまり、いわれたくないんですね。

鎌田 やはり、どこかに尋常じゃないことをしているという意識があると思いますよ。

新司 まあ、牛に対して情みたいなものは、たしかにあるんですよ。すくなくとも一年は飼っているのでね。

昭 情はありますよ。

新司 情がわくのはわかるけど、人間として生きるためにいのちをいただくということが常です。牛だけではなくて、魚も米も野菜だって、そこのところを抜きには通れない。生きているものを屠畜することにたいして忌避したり、かわいそうやという感情をもつ。それはどこかで払拭《ふっしょく》しなければ、人間として仕方のないことなんでね。

新司　いのちが移り変わっていくということでしょう。いのちをいただいて生きているという。

鎌田　そこをきっちりとらえないと、そこに差別があるっていうのがおかしいわけですからね。

七代さかのぼる

鎌田　おふたりで七代にわたってやってこられた仕事ということですが、七代といえば、二〇〇年くらい経っているんですかね。

新司　親父が静雄でしょう。お祖父《じい》さんが新蔵、その上が新之烝。新之烝の親が善七、北出善七なんやけども、その前の人がたぶん嶋村の善七だと思うんですよ。善七とだけ書かれていて、そこまでが戸籍に載っています。

昭　弘化よりも前か。

新司　新之烝の父親、北出善七は弘化四（一八四七）年生まれで、幕末よりさかのぼって約二〇〇年ぐらい前に生まれています。古文書のなかに、かつて皮を売った新蔵とかその弟、新三郎という名前も出てきます。たぶん、脈々と続いているなかの一系というか、系列のなかに生まれてきたんだろうと思うんですよ。

鎌田　この地域に何軒くらいあったんでしょうね。つまり、昔は斃牛馬《へいぎゅうば》からはじまったんでしょうけど、太鼓をつくったり、皮を張り替えたり、肉を売ったりという産業が成り立っていたわけでしょう。

昭　肉の関係では、ほとんど北出の系列です。嶋村には皮を張る太鼓屋もありました。もうやめてしまって、影もないんですけどね。

鎌田　地域のなかに屠畜・解体があって太鼓張りがあったなら、どうして鞣《なめ》す作業がなかったのでしょうか。

昭　もとはあったんだと思うんです。

新司　地図に「皮張場」という地名がたくさんあるので。

鎌田　それは、具体的にはどうなんでしょう。

新司　たぶん、岸和田藩が当時、肉を仕入れていたということや、この地域にある北境川《きたさかいがわ》の川沿いの一四、五世紀の地層から牛や鹿、すっぽんや猪《いのしし》の骨が出てきています。そのこともふくめて、この地域の歴史があります。たぶん、鞣し職人もいたはずだと思います。北境川はその名のとおり、隣村との境界線だったんです。

昭　その当時から骨捨て場というかたちですから、川のどこかで処理していた。解体したり鞣すためには水が必要なので、水道のない当時は川沿いで作業し、それがずっと続いてきたのだろうと思います。

新司　この地域に古文書とか記録されたものが残っていません。お寺はあるけど、人別帳もなくなっています。ただ、歴史的にいえば、隣村に福田村という本村があって、そこの庄屋は代々、福原孫左衛門が引き継いでいます。ここは差別された地区ですから、福田村庄屋預りの嶋村というかたちで江戸時代からきています。当時は死牛馬や斃牛馬を処理していた過程で岸和田藩に売ったとか、代金を待ってくれというようなことが書かれた古文書が、その福原さんのところから福原文書というかたちで出てきました。その文書には、岸和田藩に肉は納めるが、いったんぜんぶを福田村庄屋、福原さんに納めて、福原孫左衛門を通じて岸和田藩とやり取りしていた。直接できないシステムになっていたことがわかりました。

昭　先ほど話した獣骨群が出たところに井戸があって、その中から陶器とかかなり高級なものが出てきたらしいです。いまとどう結びつくのかといえば、そのころは差別の固定化がされていない時代なんですね。優秀な職業者集団がいたんだろうと思うんです。

新司　その脇にいまもある円光寺は、一六七三年に建立されています。そこから考えても、ひとの営みがあった。いまも川の横には「字《あざ》皮張場」という地番が残っています。

鎌田　経済的には当時のほうが裕福だったのではないですか。

昭　固定化される前は、裕福だったのではないかと思います。

新司　そこがルーツかといえば、それは定かではないけれどもね。

鎌田　そうですね。でも、鞣し職人もいたということはまちがいない。

新司　とは、思いますね。

鎌田　しかし、鞣せる皮を得るには、死んでから早く解体しなければいけないんでしょう。草場《くさば》まで部落から行くと二時間以上かかってしまう場合、だれかやっていたと推測されるのでしょうか。

新司　技術的に考えると、そうしか考えられないんです。死んでから二時間以内に解体し処理しなければ、鞣し皮としては使えなくなります。これは江戸時代もおなじだったはずです。

昭　だいたいそうなんですけど、草場権の範囲は八〜一〇キロ以内なんですよ。だから、たとえば走っていけば時間内に間に合う。岸和田の全域ではなくて、北のほうは南王子村の縄張り、南側は川を隔てて隣の地区の縄張り。

鎌田　当時、貴重品だった塩を大量につかって皮を保存できたんでしょうか。

昭　塩で保存しなくても、すぐに川で血も晒《さら》して鞣したのではないでしょうか。当然、皮鞣しに有効なバクテリアがここの川にいたのでしょう。

鎌田　すると、塩はいらないわけですか。

新司　生き物が死んだら、すぐに腐敗がはじまります。まず内臓からはじまり、最後に皮が腐ります。いまのように冷蔵庫があるわけではありませんから、なんらかの方法で保存するわけです。塩か乾燥か、あとは燻《いぶ》すか。サイボシは肉の燻製《くんせい》です。保存するために工夫して残ったんでしょう。

豚皮と関東

鎌田 食文化だなあと思うんですが、東西のちがいで、関西には豚皮はないそうですね。東京が豚皮の産地になっている。

新司 関西は牛肉で、関東は豚肉が中心です。それで豚皮がすくないというのもありますが、食文化的にいえば、関西は豚は皮ごと食べる料理もあるのでね。豚の皮は牛と比べて薄いんですよ。だからむくのもむずかしい。

昭 ぼくは豚のほうが楽ですね。姉の婿が昔、芝浦で働いてて豚の皮むきをやっていたんです。やっているのを見よう見まねで覚えました。ほかの屠場では豚は湯むきなんです。和歌山もそうだった。東京の墨田の大きな皮屋さんが、和歌山にくるついでに取りにきてくれていました。牛の皮といっしょに豚皮も買って、姫路に持っていくんですがね。豚は一枚五〇〇円、安いんですわ。

鎌田 豚皮をむく技術は、彦根から墨田に行ったでしょう。

新司 彦根からですか。

鎌田 牛をさばいていた職人が東京のほうに行って、豚を代用にしてはじめた、というふうに聞いています。

昭　昔、岸和田に大きな紡績工場があって、そこにはたらきにきた沖縄や在日の人たちが住んでいる集落が岸和田と貝塚の境にあります。そこに豚がいて、父親が豚をさばきはじめたんです。うちはもともと牛肉だけやったんですが、泉州には港がある関係で、運搬業の許可書が柱に貼《は》ってあったり、豚を飼いはじめたり、牛も、仕入れた牛を一時的に置く牛舎やったのに、そこで飼うようになったんです。いろんなことをしてきました。

鎌田　くる途中に養豚場がありましたが。

新司　あれは、末の弟がやっています。

昭　うちは七人きょうだいで、いちばん上に亡くなった姉、次が今日さばいた牛のホルモンを処理していた姉、末っ子に妹、その間に男が四人、わたしのすぐ下の弟だけ大学に行って、教育の道に行きました。兄といちばん下の弟と私ら三人は、家業のこともあり、父親の考えで大阪府立農芸高校に進みました。兄は中家畜で豚が専門、私は大家畜で牛、弟は飼料作物で牧草をつくるほうの専攻だったんです。

鎌田　ぜんぶ、兄弟で総合的にできるようにしたんだ。すごいですね。

新司　中学校を卒業する前にはもう、決められていましたね。父親は、学校へ行ってないしんどさがあったから、息子たちをどうしようかと思い入れがあるわけですね。

最後の屠畜

鎌田　貝塚市が市立屠場を今年度で閉鎖するんですよね。実質、今日で終わるわけでしょう。どうなるんですか。

昭　屠場の仕事は今日で終わりですが、肉屋をやめるのとはちがいますから。

鎌田　しかし、七代にわたって蓄積した技術が今日で終わるというのは、どんな気持ちですか。

新司　いまの時代、屠畜を自分たちでしなくても食べていける、必要な分だけ買えるという時代です。もちろん商売ですから、一定のお金があっても信頼がなかったら、卸屋さんも持ってきてくれないですからね。卸屋さんも、かつてうちの父親やぼくと取引があった関係とかがあってね。もう、流通が変わっているから、時代かなと思いますよ。

鎌田　でも、技術がもったいないじゃないですか。

昭　大した技術ちがうけどね。

鎌田　最後の屠畜をすると聞いて、これは絶対に記録映画で残すべきだと思いましてね。

新司　ぼくには、普通に慣れ親しんできた仕事やからたいしたことではありません。ただ、昨日は寝ながら、こうして頭をたたいて、頭を外すときはどこから包丁を入れて、どこからむく、そのきっかけはどこやったかなって考えてたんですよ。何カ月ぶりかですからね。

昭　しばらく間が空いているから。

新司　でも、頭をたたいたら、もう勝手に手が動いていくという感じでした。長年の経験があるからね。

鎌田　なるほど、そうでしょうね。

昭　代々つづいてきたけど、いまの流通経路では仕方がないんですよ。

新司　自然体で生きていくしかしようがないかなと思います。

昭　肉の仕事も、子どもたちに継がせるかということについては、なかなか厳しい時代ですね。

鎌田　きょうだい家族四人でやっていて、いままで人の指を切ってしまったりとか、そういう事故はありましたか。

昭　それは、ないです。

新司　自分の手はありますよ。

鎌田　牛が暴れたことはありますか。

昭　何回かあります。

新司　しょっちゅうとはいいませんが、そういう経験はあります。

昭　姉婿がやったときに、牛がせまいところに逃げて、出すのに難儀したことがあります。

新司　牛かて身の危険を感じたら、おとなしいはしてられへんよね。先ほど話したように、その瞬間までたぶんわかってないと思うけど、頭をたたいたときに、一発で入ればストンと行くんやけども、失敗したらね。それが失敗した瞬間に、もう一回で行くと大丈夫。

鎌田　暴れるんじゃないですか。

昭　もう一回失敗すると大変。

新司　失敗して間を置くと、向かってきますから。それで何回かやられたことはあります。紐《ひも》を一本、鼻輪から床に固定している環に通しているので、以前のように走り回るということはなくなりました。できるだけ安全策をとっています。

昭　暴れるとひとの一〇倍くらい力があるんで、もう無理なんですよ。

新司　わりと体重の軽いほうが動きが活発で、重量級の肉牛になったら身が重たいので、動きがゆっくりしている。

昭　今日くらいの体重のが暴れ出すと、ちょっと手がつけられないです。

鎌田　今日の牛は小さいと聞いていましたが、みに行ったら大きいので驚きました。

新司　この前うちで飼っていたので体重が最大八二〇～八三〇キロ級で、今日のが六二五キロですから、二〇〇キロちがうとかなりちがいますよ。

鎌田　人間三人分くらいちがうんですね。

水平社宣言

鎌田 先祖代々の仕事をしながら、解放運動もやってこられたということですが。

新司 この地区で運動がはじまったのは四二年前、ぼくが高校へ入ったころなんですよ。入った農芸高校に先輩がいて、出合ったのが「水平社宣言」。まず目についたのが宣言のなかの「ケモノの皮剝《は》ぐ報酬として」という個所ですが、ぼくは震える思いがしました。自分の親父、祖父と代々の仕事、そのときに初めて自分の一統がどういうところだったのか、わかったんです。ぼくは、早くこんなところから出たいと思っていました。差別というとらえかたはしていませんでしたからね。高校時代に部落問題にかかわりだして、家業を考えたら、ああ、これが自分のところのルーツであり、代々伝わってきたことなんやとわかったわけです。初めて理解できたというのかな。

鎌田 この地域に運動はなかったということですか。

新司 そうです。かつては水平社運動に参加した人もいたんですが、一九六九年まで「運動」という運動がなかったんです。

鎌田 運動は、地域では新しいほうですか。

新司 地域そのものは江戸時代からあるからね。運動としては新しいです。

昭 運動体としては戦後、「同対審答申」とともに支部ができた地域なんでね。

新司　うちの場合は、祭りを制する者が村を制するところがあって、それまではだんじりがいちばんで、そのメンバーは運動とは相反するところにいました。でも、祭りも文化として地元の大事なものと位置づけて、運動体の力を祭りに入れて取り込んだ経過があります。

鎌田　そうすると、新司さんの代からはじまったってことですか。

新司　ほぼ、ぼくが高校に入った時代からですね。

鎌田　昭さんとふたりで。

昭　兄の影響も受けてね。ぼくらの中学時代には、同和教育ははじまっていなかったんですよ。ただ、中学のときに集まって、それなりの意味があったのだろうと思います。

新司　いちばん大きかったのは、ぼくが高校に入ったときに奨学金制度がはじまったことです。

昭　ぼくも農芸高校に行って部落研にはいり、地元でも高校友の会を立ち上げて運動にとりくみました。高一のときに、なにもわからんまま水俣《みなまた》の上映会に連れていかれたりしたんやけど、衝撃を受けたのはやっぱり「水平社宣言」と、部落解放理論なりを学ぶなかで見えてきた親のことであったりしました。

新司　父親は字を知らんから、思うような商売ができなかったりするわけです。そういうときは飲んで暴れて大変でしたから。母親をたたいて髪をつかんで引きずる。ぼくは、なんちゅう父親やと思っていました。

昭　ほんとうに機嫌が悪くて、やばいなあと思ったら、子どもらみんな逃げてしまいます。母親に当たるんですわ。なんでこんな無茶な親なんやろうって思っていました。

よく覚えているのは、ぼくが小学校二年のときに、ご飯を食べていて、たまたまあったアリナミンの瓶に書いてある効能とかを「読め」といい出しましてね。小二では読めません。きょうだいみんな二歳ちがいですが、小四の兄でもむずかしい。親父は「学校でなに勉強してるねん」って怒ってねえ。

新司　自分は文字を奪われて悔しい思いをしてきたから、子どもにはという強い思いがあるんですね。「みんな、ノート持ってこい」と。ぼくのノートに「m」（メートル）って書いてあったのを「蛇が這《ほ》うてる」といいましてね。

昭　姉ちゃんは六年生でローマ字を習っていましたが、親父にはわからない。「こんなミミズが這《は》ったような字を学校で教えているなら、明日から学校行かさん」って。

新司　教師よんで、ぼろくそにいうて、かばんとノートをナイフで引き裂いて……。

昭　川に捨ててしまう。

新司　ぼくの場合は二回やられてる。

昭　それで「学校に行かさん」って、ほんとうに一週間、行かせてくれなかったからね。そのときの先生が偉いのは、「来《こ》さしてください」って毎日きました。

鎌田　お母さんは字は読めたんですか。

新司　読めました。

昭　お祖父さんもカタカナくらいは読めたんかな。母親も大したことありません。読めたくらいで、むずかしい漢字はどうやったか。書けなかったと思います。

鎌田　激しいお父さんだったんですね。

昭　それは、自分は文字を奪われた差別への怒り、「子どもだけには」っていう思いだったんでしょうね。

新司　だからぼくは「水平社宣言」読んだときにグサッときました。運動にかかわるのは自分の責務やと感じてきたわけです。

いのちの太鼓

鎌田　大変だったでしょう、学習と仕事の両立は。

昭　自営業ですから、時間的には夜中一時くらいまで学習会なりやっていても、翌朝早くに配達だけ行って牛に餌《えさ》やって、しばらく仮眠するというのもできたんで。それにやっぱり先頭を走ってきた兄がいるから。

鎌田　地域のリーダーなんでしょう。先ほども運動は責務だとおっしゃっていましたね。自分の活動でもありますが、地域にたいしてどんな思いがありますか。仕事に絡めてでもかまいません。

昭　兄が支部長。ぼくは人権協会の会長で、前の支部長でした。

生きていれば九二歳の、文字を奪われた父親の姿を見てきて、保育と教育にかかわってきました。PTA会長もして、うちの地域をアピールしてきました。まだ偏見をもたれている部分があるなかで、ここには子どもたちのために一生懸命にがんばる人がいるんやなあと思ってもらうことも考え、周辺の子どもたちのこともふくめて学校に貢献していくことをおもに考えながら、いろいろやっています。

太鼓屋さんに怒られるかもしれないけど、塩ビ管をつかって小さな太鼓もたくさんつくりました。子どもたちにいのちのことを話すんですよ。牛さんのいのちをいただいて最後に残った皮でつくるんですが、太鼓の音は、胎児のときにお腹のなかで聞いていたお母さんの心臓の音に近いんですよ。牛さんのいのちを母なる音によみがえらせる。いのちの響きを聞き、いじめたらアカンで、差別したらあかんぞ、それはひとのいのちを傷つけることになるから。牛さんのいのちも大事やけど、ひとのいのちはかけがえがないから、大事にしような。「殺したろか」とか「死ね」とか、ひとにそんな簡単にいえるもんとちがうぞ、と子どもたちに話しながら、十何年やってますね。

新司　ぼくらの世代は運動も上り坂の時代でしたから、若い世代が、自分の子どもや弟妹を育てるために保育士や教師をめざしたんです。同和対策事業がはじまって、地域も人も変わってきた時代に生きています。それがいまは、一定程度の成果を上げて自立していった世代があって、その世代は地域を出ていきました。ムラのなかに残っているのは、高齢者であったり経済的にしんどい世帯という現実があるんです。ぼくらが活動できる期間は、もうすくないから、次の世代にどうつないでいくのかという責任があると思います。

これは、うちの地区だけでなく、だいたいどこでも同じような問題を抱えています。かつてのような悲惨な状況というのはなくなりつつあると思いますが、見えないところで差別の実態があり、強化されていっているというのも現実です。

鎌田 今日は貴重なお話をありがとうございました。

屠場閉鎖にあたって

北出新司

人は、他の生き物の命をいただくことによって生命を維持することが自然の摂理とは言え、一〇二年の間に命をいただいた牛、馬、豚、山羊、羊たちの「いのちの数」は、小さな屠畜場といえども数万頭になるかと思います。この世に生を受けたものの天寿をまっとうすべきところを人の都合により命を提供していただいた、多くの家畜たちの冥福を祈るとともに、心から感謝をいたします。

二〇一二年三月二十二日　最後の獣魂祭にて

（『部落解放』二〇一二年六月・六六二号をもとに加筆修正）

皮と職人

知人を介して奈良の被差別部落を取材してほしい、と依頼された。お引き受けしたのは、自分の仕事の方向が、そっちのほうにむかっていることを感じていたからだった。

実をいうと、わたしは部落のことを取材したことがなく、自分でもかなり理解がたりないことに気づかされていた。それでも、これまでまったく無関係だったわけではない。日本の大衆運動に関心があれば、無関係にすごせるものではない。

たとえば、いまから四五年も前の一九七〇年八月、北九州洞海湾の入口にある、東海鋼業という鉄鋼メーカーで、七人の男女労働者が作業中、一三〇〇度にも熱せられた鉄のカス（鉱滓《こうさい》）を頭上から浴びせられ、焼死した事故が発生した。

その被害者は、炭坑地帯の筑豊から来ていた。そのお宅を一軒ずつたずね歩いた。そのうちの半数が部落のひとたちだった。賃金もいちばん安かった。福岡県田川郡赤池町からきていた二七歳の青年は、部落解放同盟の青年部をつくるための活動をしていた。結成直前の彼の無念さが、いままでも、わたしのなかに残っている。

筑豊の炭坑地帯は、被差別部落の多いところとして知られている。坑内で部落の多くの人たちがはたらいていた。だから、炭坑事故とふかくむすびついている。

わたしは、筑豊のある部落のひとのクルマに乗せてもらって、北九州市の戸畑区にある、新日鉄（現在、新日鉄住友）の工場の中へはこんでもらったことがある。輸出用の製鋼機械をつくっている現場につくと、ゆうべ泊めていただいて、お酒をご馳走になったひとたちが、ニコニコして手をふったのだった。

そのとき、わたしは、北九州市小倉区のある街の事務所に、寝泊まりしていた。そこは友人のカメラマン・林えいだいさんの事務所で、彼が部落のひとから無料で貸してもらっていたのだった。

というように思いだすだけでも、部落のいろんな方たちのお世話になってきた。困ったひとを助けてくれるのは、ひとに助けられたありがたさをよく知っている、困ったことのあるひとたちなのだ。

「人の世に熱あれ、人間に光あれ」

この祈るような気持ちがこめられた「水平社宣言」は、差別されたひとの視点から、いまも、これからも、人間の道を照らしている。

奈良県連事務局のひとたちに案内されて、わたしはいくつかの地域を訪問して、話を聞かせてもらった。御所《ごせ》市の柏原地区をまわって、西光寺を訪問することができたのは喜びだった。「宣言」を起草した西光万吉の生家であるが、こじんまりとした、美しいお寺である。

案内してくれた青年が、そこに阪本清一郎の生家があった、と指さした。駒井喜作、山田孝野次《このじ》郎《ろう》など、「水平社運動」の歴史に残る人物は、この地域から輩出していたのだった。

いまわたしは、大杉榮のことを書いている（『大杉榮　自由への疾走』岩波現代文庫）のだが、彼が発刊していた『労働運動』（一九二二年三月一五日号）に、いちはやく、「水平社設立」の記事が掲載され、「自ら陣頭に立って鎖を断ち切らねばならぬ」とする水平社の「自立的精神」に期待が寄せられている。

飛騨の未来を語る松元二郎さん

いま発掘調査がすすめられている藤原京と隣り合っている飛騨地区は、立ち並んでいる家々の黒い瓦と白壁が見事に映えた、整然とした町並みである。

かつて一三〇〇年ほどの昔、全国から集められた大勢の労働者たちが、いまは幻と化した大都市建設のために使役されていた、という。いまこのあたりを歩くと、その喧騒が遠く聞こえてくるようである。

この地域が、いまのようにひろびろとした明るい町並みになるには、先人たちの血のでるような苦闘があった。全国水平社と大日本国粋会との衝突事件と差別判決である、一九二三年三月の「水《すい》国《こく》争闘事件」はよく知られている。

戦後の部落解放同盟の結成のあと、住宅要求闘争など長い闘争の積み重ねがあったのである。

松元二郎さんは、「これからの運動は柔軟性をもった運動でなければ」という。地域の環境整備の運動は、市営住宅の建て替えなどがまだ残っているにしても、ほぼ順調にすすんでいる。

「つぎの運動の計画は、隣村とどう交流していくんか、ということや。むこうのひとたちに、まだ差別する気持ちがありますんや。それをどう解消するかです。いま、朝はやく地域を掃除してますが、むこうの地区にもいってやってます。それで、昔はうちの畑の芋を盗ったこともあるのに、いまは掃除しにきてくれる、となります」

かつての青年団活動が、地域のなかでの生活の向上や就学の普及、学習会、運動会やスポーツ活動など、村のひとたちの団結をかためるのが中心の運動だった。これが解放同盟の再建を担う青年をつくりだしたのである。

それらの運動が一段落したあと、もはや差別された怨念《おんねん》をストレートにぶつけるのではない。いまは運動によってかちとってきたものを、まわりの地域にもひろげていこう、という余裕ができた。ほかの地域でも聞いたことがあるのだが、地域につくらせた集会場などを、近隣のひとたちにもつかってもらえるようにしている。

制度や施設は、要求闘争によってようやくつくらせることができる。残念ながらそれがこの国の現状だが、自分たちが獲得したものをひろく解放していくのもまた自律の運動である。松元さんはそう考えているようだ。

これからの解放運動が、差別されたさまざまなひとたちと具体的に手をつないで質をたかめていく、という解放同盟の方針の地域での実践である。

松元さんは、いま朝四時に起きて部落の歴史をまとめる仕事にうちこみ、支部のひとたちとともに地域の掃除をし、あとの時間は支部の事務所に出かけて雑用をこなしている。

「バカでないとこんなことはでけん」というのだが、住宅獲得闘争などの実践と記録づくりをいっしょにやってきた、幸せな人生といえる。

三味線皮鞣しの伝承

奈良県北葛城郡新庄町、橋本一弘さん（64）の仕事場には、清楚でいてすこし緊迫した雰囲気がただよっている。

よくつかいこなされた陶器の瓶や木製の樽などが整然と並んでいて、そこで息子さん（33）が、木槌で板を叩く音が心地よくひびいている。トン、トン、トトトン、トン、トン、トトトン。軽決なリズムで、手早く数十本のちいさな釘をうちながら、干し板の上に猫の皮をのばしていく。

この皮の張りかたひとつで、三味線の音色がちがう。三味線をつくるのは、東京などの三味線屋さんだが、基本は皮の伸ばしかたにある。

「張りの秘訣はなんでしょうか?」と息子の康広さん（34）にうかがうと、「皮に教えてもらいます」と答えた。

康広さんは、三味線皮づくりの三代目である。大学を出て神主さんの資格をもっているのだが、一〇年前にこの仕事をついだ。

父親の橋本一弘さんがこの仕事をはじめたのは、高校を卒業してすぐだった。一九五三年のころ、世の中は不景気だった。新制高校の一期生として卒業した。が、就職難の時代だった。そこで父親のあとを継ぐことにした。「この仕事を覚えると、食いっぱぐれがない。覚えるだけ覚えてみたらどうだ」と父親にいわれた。

父親は病気ですでに引退していた。そこで、父親の一番弟子がやってきて教えてくれることになった。その人は一八年間もこの仕事から遠ざかっていたのだが、師匠の息子に技術をつたえるために、愛知県から駆けつけてきた。美談、である。

三年間、君の面倒をみよう、といってくれた。三年たって、彼がいった。

「もう教えることはない。師匠と弟子の関係は終わった。明日から、君の職人になろう」

それから一緒に三年間、はたらいてくれた。六〇過ぎの、一徹な職人だった。ひとのつかいかたまで教えてくれたのだった。そのころから、東京にも製品をだすようになった。橋本さんがつくった製品は、お師匠さん用の三味線につかわれるようになった。

橋本さんは仕事着姿で、物腰にどこか高座の師匠のような風格がある。話しかたもゆったりしていて、古典落語の語り口である。

それでも、さいきんの「猫騒動」の話になると悔しそうな口調になった。長い間、コツコツと三味線の皮づくりに精をだしてきた。古典芸能をささえている、とのプライドが穏やかな話しかたにもあらわれている。

ところが、こころないマスコミが、まるで「猫どろぼう」のように書きたてる。それは、人間が一生をかけてきた仕事にたいして、意味がない、と宣告されているのとおなじである。

橋本さんの話しかたが、静かで説得的なのは、ひとつの道をきわめるようになった風格によっている。

高校卒業のあとから本格的にはじめた。子どものころは、仕事場への出入りはゆるされなかった。中学校にはいってから、農繁期などの学校の休みに、手伝いをするようになってはいた。それからもう五〇年も、この仕事一筋。トン、トン、トトトンの絶妙なリズムで木槌で釘をうちこむ。釘の位置によって、張り板に猫の皮を浮かし張りして、三味皮の引っ張り具合を調節してきた。仕事場にすわって、さまざまなことを考えつづけてこられたことを感じさせられた。

日本一の三味皮づくり

「うちの皮がいちばんいい音がでるんです。といっても、三味線屋さんが、棹の太さや駒の高さ、男が弾くのか女が弾くのかなどで選別して、うまく張ってくれませんと、活かされません」

皮をつくるひと、張るひと、弾くひと。それぞれが最高の努力をして、はじめていい音色がでる。それをかんがえながら、猫皮を伸ばしている。硬い皮、やわらかい皮、それぞれ猫の性質によってちがう。そして音がちがう。弾き手の個性と合うように三味皮が選ばれる。

それでも、三味線をつくるのは三味線屋である。だから、そこだけが目だっていて、皮づくりの存在は知られていない。

「しかし、どんな腕のたつ板前だって、材料がわるかったら、どうにもならないはずでしょう」と橋本さんは穏やかにいう。

さいきんは、「奈良の三味皮」の重要性が、演奏家のあいだにも鳴りひびくようになって、東京芸大の邦楽科の学生たちも研修におとずれるようになった。ある演奏家から、皮を確保しておきたい、との依頼があったが、橋本さんはお断りした。先におかねをいただくと、つくるのに忙しくなって、手抜きが生じてはいけない、との配慮からである。

いま、三味線の皮を占めているのは、犬皮やカンガルー、合成皮革がほとんどで、猫皮は五パーセント程度といわれている。

さいきんになってたかまっている、「猫がかわいそうだから合成皮革にしろ」という意見は、暴論である。文化とは、さまざまな仕事や生きかたを認め尊重しあうことにある。伝統もそのようなもののはずだ。

三味線皮づくりに生涯をかけてきた橋本一弘さんとその後継者となった康広さんの話をお聞きし、かつ、はたらく姿を眼のあたりにして、わたしは、動物愛護運動家たちの要求は、感情論というものであって、まったく、文化と人間生活の深さについて無関心であることを、あらためて知らされる思いがした。

小動物を可愛がるのはいい。しかし、だからといって、動物と人間の生活とのさまざまな関係を否定するのは、独善、というものである。

まるで、戊年生まれの「犬公方」徳川綱吉のように、殺生禁断、犬を殺したものは極刑にするような、むちゃくちゃな理屈、である。彼は犬を溺愛したばかりか、「生類憐れみ令」を拡大して、小鳥や金魚や松虫さえ飼うことを厳禁した。その愚かさにつうじていないか。

三味線皮づくりを「どろぼう産業」よばわり

猫や犬を飼うのは、他人に迷惑をかけないかぎりにおいて、飼い主の自由である。それは趣味の問題というもので、いまは「犬公方」の時代ではない。番犬や狩猟犬や盲導犬などのように、生活に必要な場合がある。その訓練が厳しいものであっても、動物虐待とはいえない。

しかし、ペットを可愛がるあまり、ひとの仕事を押しつぶそうとするのは、自分勝手というしかない。わたしは、動物愛護団体が、邦楽関係者に「猫の皮を使用しないでください」と送りつけてくる、いくつかの文書を読んで、その一方的な理屈に驚かされた。

たとえば、つぎのように書かれている。

「三味線は、猫や犬の自由を奪い殺害するという、わたしたちの仲間に対する裏切りと暴力行為により成り立っているのです。そのような楽器が必要でしょうか？　三味線は、現代の技術で動物の皮革を用いずともつくれます。どうしても本革を用いたいなら交通事故や病気等で一生を終えた動物の死体を利用すべきでしょう」

これは、歌舞伎や浄瑠璃や民謡など、音に生命をかけているひとたちにたいする極論であり、拒絶である。交通事故の猫、それは傷だらけの猫ということだが、それでどうして三味線の音色がでるのだろうか。人間の仕事にたいする侮蔑である。それでいて、利用は認めているのだから、論理の矛盾である。

文化庁長官にたいして、「三味線皮を合成皮革にするよう指導しろ」との〃申し入れ書〃までだされている。国家権力によって職業を禁止させようというのだから、穏やかではない。「どろぼう産業」などというにいたっては、あきらかな差別発言である。

次のようにも書かれている。

「近年は、ピアノの鍵盤も、野生動物保護の立場で、ぞうげの使用をやめました。したがって、三味線も、このような野蛮で、不法な、どろぼう産業にささえられたものではなく、合成皮革を使用したものにきりかえていただきたいと望みます」

象は国際的に保護されている動物であり、象牙の輸入禁止はその手段である。鍵盤に象牙をつかっていたのは、装飾、あるいは耐久性の必要からで、象牙をつかわなくても代替品で十分に間にあう。

ところが筆者は、話題を一転させて、三味線づくりを「このような野蛮で、不法な、どろぼう産業」といいきっている。「野蛮、不法、どろぼう」と悪しざまにいわれているのは、三味線の皮をつくるひとのことであって、演奏家ではないのが、さらに差別的である。

「のら猫」は傷が多いので、三味線の皮にはむかない。だから飼い猫が「上質の製品」になる、といって猫ファンを煽動している。ペルシャ猫などの洋猫は、皮がうすくて三味線皮などにつかいようもない。その事実は無視して、あるいは無知で、まるで三味線皮が飼い猫でつくられているようにいう。

三味線は「合成皮革」でいい、というのは、三味線などはどうでもいい、という、文化にたいする無知をさらけだしている。このようなひとたちには、こころ静かに三味線の音色に耳をすます余裕が必要だ。

差別を尻おしするマスコミ

日本のマスコミは、軽薄でワル乗りしやすい。のら猫の捕獲にたいして「ネコそぎ捕まるところだった」とか「ニャンと困った」「気にいらんにゃ」とか、あるいは「ネコころがし」など、おもしろ、おかしく書いてすましている。それによって傷つくものがいることには、思いがおよばない。

まして、猫の「捕獲箱」を回収しにきた「男性二人」が、「猫皮を三味線皮づくりの業者に売るつもりだった」と話していた、などと記事に書かれている。まるで「猫どろぼう」と「三味線皮づくりの業者」とが、結託した犯行のような印象をあたえている。

飼い猫をつかまえて売れば、これはあきらかな「窃盗罪」である。以前は、野良猫がふえるのを防ぐために、自治体が捕獲箱を貸しだしていたほどだった。ところが、動物愛護団体から批判されて、中止した。それで野放しにされたのら猫がふえ、ペットボトルに水をいれ、それを並べて、猫がやってくるのをふせぐ家庭もふえてきた。

誤って捕獲される猫がいるかもしれないし、「猫どろぼう」もいるかもしれない。しかし、それがすべて三味線皮になる、というのは、短絡的で無知にすぎる。

三味線を弾くひとが「人間国宝」にされ、その音をまもるために苦心しているひとが「猫どろぼう」にされている。これもあきらかな差別だ。橋本さんのように、職業差別に耐えながらも、日本の伝統文化をささえ、邦楽関係者からの感謝をバネに、仕事をつづけてきたプライドにたいして、ツバをかけるような行為である。

まして、のら猫を捕獲するひとの家に、「猫殺し」「まともな死にかたができないぞ」などと、いやがらせの電話をかけたりするのは、猫を愛する精神との矛盾である。

日本で数少ない毛筆用狸毛梳き職人

奈良県宇陀《うだ》郡莵田野《うたの》町の吉田利文さん（76）は、話しながらも笑顔を絶やさない小柄なご老人である。すぐうしろまで山が迫っている集落なのだが、吉田さんは、この山際に小公園をつくり、あじさいやあやめなどの花を植えて、地域の環境づくりにとりくんでいる。

お宅の入口に信楽焼きのタヌキの像が建っている。一メートルほどの身の丈のタヌキである。たいがい、素焼きのタヌキは、大福帳か酒徳利を手にしているのだが、ここのタヌキは大きな毛筆を抱えている。吉田さんが日本でも数すくない「毛筆用のタヌキの毛」を梳《す》く職人だからである。

名刺に「毛筆用狸毛」「狸羽織下」と印刷されている。羽織下は、背中に背負って暖をとる小形の毛皮で、昔、郷里の青森では犬の毛皮が普及したことを思いださせた。

「毛筆用狸毛」は文字どおり、毛筆につかうタヌキの毛のことである。日ごろ毛筆に縁がないため、タヌキが書道に貢献しているのは知らなかった。

タヌキの毛が、毛筆の「切っ先」となっている。吉田さんによれば、山陰から北陸にかけて棲息しているタヌキの毛が、手ごろだ、という。タヌキの体は毛皮に覆われているのだが、毛皮の上に出ている長毛を抜いて梳く。

青森まで北上すれば、寒さのため毛先がゴワゴワした感じになり、北海道までいくと、毛が長くて色艶《いろつや》はいいのだが、毛に腰がなくなる。防寒と毛筆は両立しないのである。

どこのタヌキの毛がいちばんいいのでしょうか、とうかがうと、「丹波が日本一」との答えが返ってきた。丹波篠山。兵庫の米どころとして知られている。

いま、タヌキの毛皮から毛筆用の毛をとっているのは、日本でも吉田さんとその息子さんぐらいのものだ、という。中国の毛筆はよく知られているが、中国のタヌキの毛の切っ先は、とがっていないという。安い毛筆には馬の毛がつかわれ、高級な毛筆には鹿の胸の白い毛がつかわれている。それが墨をふくませても、ポトッと紙などに落ちない、「ふくみ」をつくらせる。

そういえは、毛筆は切っ先がピーンと伸びて、中腹が白く豊かな感じがしているのが思い浮かべられる。その先のとんがった毛がタヌキの毛で、それを吉田さんが一本一本、丹精をこめてつくりだしているのである。

吉田利文さんの修業と韓国・中国行き

菟田野町でのタヌキの筆毛の生産は、明治の初期にはじめられた、と伝えられている。そのころは、京都の友禅に色を塗る刷毛《はけ》の生産から派生したようである。

昭和のはじめごろ、タヌキの仕事をしていたひとが、三、四人、広島に移住してむこうで仕事をはじめた。そのあと、大阪に移住するひともでた。

「たぬき屋」とよばれていた筆毛づくりは、ここから分散していったのだが、当時でも全国で七、八軒しかなかった。

高等小学校を卒業した吉田利文さんが、子守りを兼ねた丁稚奉公にはいったのは、八尾市（大阪府）の「たぬき屋」だった。おなじムラからでていったひとの家だった。吉田さんは、ここに三年住み込んで、「筆毛職」見習い、となる。

「タヌキ汁はおいしいんでしょう」ときいた。猪や鹿肉は食べたことがあるのだが、タヌキの経験はない。

「アカン、アカン」と、吉田さんは、顔の前で右手をふって、すかさず答えた。

「八のタヌキはくさくて食べられん」

「八ってなんですか」

「タヌキの白いところに、八の字の模様があるでしょう、あれはだめ。タヌキ汁でおいしいのは、ムジナ、それが猪の肉に似ておいしい」

タヌキは毛をとるだけ、とすれば「タヌキは死して毛を遺《のこ》す」ということになる。三年で丁稚奉公の年季があける。そのあと、半年のお礼奉公をする。子守り、飯たきで修業し、そのあとのお礼奉公は、文字どおりの無収入ではたらく。

それがすんでから、吉田さんは韓国のソウルに渡った。そのころ、タヌキの原皮は韓国や中国へ輸出されていた。むこうでは、防寒用に毛皮だけを必要としていて、毛先は不必要だったのだ。「ぬけがらは必要とされていなかった」とのいいかたがおもしろい。「たぬき屋」には、毛先のほうが重要で毛皮は副産物でしかない。むこうとこっちの本末転倒である。

筆毛職の職人たちは、韓国に渡って、毛先を抜いて加工し、日本に逆輸出していた。吉田さんが採用されていたのは「上田商店」で、ソウルに本店があり、中国の奉天に支店があった。

年季のあけた吉田利文さんは、八尾市の「たぬき屋」から、ソウルの会社にうつった。「植民地」にされていた朝鮮を経由して、中国へタヌキの毛皮を輸出し、そこで毛先を回収、こんどは「内地」へ逆輸出する、という会社だった。

吉田さんは、中国の奉天支店にも勤務して、加工ばかりではなく、商売もここで見習うことにしていた。中国人の「仕事師」が加工の仕事をしていた、という。

加工と商売を覚えて、一本立ちするのが夢だった。が、二〇歳で軍隊に召集され、朝鮮の龍山騎兵隊に入隊した。翌一九四四年、ニューギニアの激戦地に放り込まれた。

ここは飢えとの戦いの戦場だった。

吉田さんは、草やヘビを食べて生き抜き、砲弾の破片を右足に受けてなお、生還した。生存者は、中隊四〇〇入中三人だけだった。

毛皮革の町・岩崎

吉田さんは、敗戦翌年の四六年になって、無事に復員した。が、マラリアと栄養失調で、一年間は寝たきりの生活だった。

四八年に結婚、筆毛製造にもどった。七〇年になって、部落解放同盟岩崎支部を結成、初代支部長となる。それにはようやく戦場から生還したことへの感謝の気持ちがこもっている、という。

岩崎地区は、二八〇戸のうち、ほぼ半数が毛皮革産業にかかわっている。江戸時代に小作農の副業としてはじめられた、とつたえられている。毛皮は明治初期に京都から革職人をよび寄せてはじめられた、とか。

そのころは、鹿革（セーム革）をつかった立付袴や花緒、袋物などが中心だった。が、やがてレンズ磨きや剣道用具などの需要もふえた。

こうして、朝鮮、中国、タイなどからも原皮を取り寄せるようになり、鹿革では全国の七〇パーセントを占めるほどになった。

敗戦直後は、カワウソの原皮を輸入して、マントやオーバーの襟にしていた。一九四八年ごろから、ウサギ皮（ラビット）が主体となり、ネグレット（子どもの襟巻き）、羽織下、ボア（顔の付いた襟巻)、ショール(肩かけ)など、生産者は一三軒ほどだった。

その後、高度経済成長の毛皮ブームに乗って、五〇軒ほどにふえた。ウサギからキツネ、ミンク、セーブルなどの高級品も生産されるようになった。

このなかで、吉田さんは、タヌキの筆の伝統をまもってきたのである。

大正時代の岩崎地区は、日稼ぎや藁細工、それに車引きなどがおもな仕事だった。「車引き」でも、自分で牛車をもっていたのが、五、六軒だけ、あとは人間が荷車を引いた。「商業」の人も多かったが、店をもっていたひとはすくなく、「出商売」(行商)だった。

珍しい仕事では、「藤切り」がある。これは、マメ科の藤の「つる」を山の中にはいって切ってきて、一本のロープのようにして荷づくり(藤わけ)をする。それで筏《いかだ》をつくるときに、材木と材木とを縛るロープ代わりにした。のちに「筏環《かん》」という金層製に代えられた。

「藤切り」は、親方が組をつくって、紀州(和歌山県)や丹波(兵庫県)に出かせぎに出かけた。一日はたらいて、米三升~四升ほどの収入だった、という(『岩崎の仕事から学ぶ』)。

この地域がいまのように明るい町並みになるのには、吉田さんたちの長年の苦闘があった。

初代支部長の苦闘

吉田利文さんが解放同盟の支部をつくったのは一九七〇年。四九歳のときだった。それまでは、小学校や中学校のPTAの役員をしていたが、解放運動ははじめてである。

三三〇戸のうち、わずか二〇戸で支部を結成して、「いらんことしやがって」と村の共同浴場の洗い場などで聞こえよがしにいわれたりした。が、吉田さんには父親が受けてきた酷《ひど》い仕打ちにたいする思いがあった。

父親は、そのころの部落ではめずらしく、高等小学校を卒業していた。それでもどこにも就職できず、つまり「日稼ぎ」しかなかった。土方、藤切りの仕事である。

大阪の商人が毛皮を集めに村にまわっていた。その「手代」となって、イノシシやタヌキの毛皮を、猟師から受け取ってくる仕事についていた。

雪のなかを歩いていくのだが、座敷に上げてもらえなかった。土間で着物を乾かして、むしろを敷きコモをかぶって寝た。先方はこちらが支払うカネを、ザルで受けてゆすいでから受けとった。煙草の火種《ひだね》さえ土間に投げてよこした。父親がつかった食器には手をふれなかった。

これほどの屈辱を受けた父親は、口惜しさをこらえきれなかったのか、酒がすすむようになっていた。

支部を結成したとき、吉田さんは「いまはたった二〇人だけどな、そのうち三けたにしますぜ」と応援に駆けつけてきた県連の役員にいった。「とにかく、足で稼げ」といわれて、地域をまわるようになる。解放運動の勉強をするようになったのは、それからだった。

運動に反対しているひとの家へ話にいく。反対されるとすぐ帰る。が、またすぐいく。これだけでもわかってくれ、といって、なん十回も通う。ねばりのつみ重ねで組織をつくってきた。

そのころはまだ、吉田さんのタヌキの筆毛づくりも、自営ではなく親方の下での下請け、一本いくらの賃仕事だった。だから、外をオルグにまわってきてから、仕事着に着替えて夜なべ仕事になった。盆も正月もなかった。

それでも、若者たちからは、生ぬるいとの批判があった。吉田さんは共同浴場の入口に、大きな看板を立てていた。

「一人は万人のために、万人は一人のために。みんなで築こう、良い町、良い暮らし」

その横に「研修、活動、反省、努力」と書いた。ところが、それにたいして、反省よりも活動だ、と若者から批判があがった、という。

それでも、あえて、「研修」と「反省」を掲げた。地域ぐるみ、町ぐるみの吉田さんの運動スタイルが、まわりの人たちがうらやむほど、この地域の環境を変えてきた。いまではちかくのひとたちにも、浴場や集会場など、地域の施設をつかってもらえるようになった。

悲願の「毛皮革工場団地」

菟田野町の「菟田」は、ひろい大地を意味している、という。菟田野は、豊かな耕地の地をあらわしている。その一郭にあるのが、「毛皮革工場団地」である。

この完成には、吉田利文さんなどの部落解放同盟の運動が大きな役割をはたした。

戦後、ひとびとは戦場から村に帰って、鞣《なめ》しの仕事を再開するようになる。まえにも書いたように、はじめはカワウソやウサギの皮をつかった、襟巻きやショールの生産が中心だった。

それがしだいに日本経済の発展とともに、高級毛皮にうつり、やがて工場団地の建設になる。

しかし、吉田さんの話は、そこにいたる前の苦闘である。

外地から帰ってきたひとたちには、工場を建てる力などなかった。だから、トタン葺《ぶ》きの粗末な小屋で鞣しをはじめた。排水溝などなかった。道端にはウサギの毛がふわふわ浮いていた。

この地域では、家を改良するばかりではなく、住居と工場を分離することが悲願だった。毛皮工場を移転し集団化しよう、という地区改良事業の運動がはじまった。

解放同盟の支部長だった吉田さんが、町や県にでむいて陳情するようになった。

○住環境の整備
○水質汚濁などの防止
○毛皮産業の振興

それが改良事業の目標だった。

「毛皮の歴史は差別の歴史」と吉田さんはいうのだが、毛皮産業に携わってきた誇りと苦渋が、団地建設へのエネルギーになったようだ。

一九七六年一二月、県に宇陀川水質保全プロジェクトチームが設置された。それから、団地の造成工事がはじまるのに、一〇年の歳月を必要としている。完成したのは八九年だった。

その団地に最終的にはいったのは、五〇業者のうち一二社だった。水をつかう鞣し業が中心だった。

再会

吉田利文さんに再会した。ご病気だったとうかがっていたのだが、お元気そうなのでひと安心だった。

こんどは、タヌキの毛の話ではなく、菟田野町の毛皮革団地がつくられるまでに、どのような運動があったのか、それを解放運動の中心人物だった吉田さんにたしかめておきたかったのだ。

ここでの毛皮革産業の歴史は、江戸時代に、小作農の副業として、ウサギの毛を製品にしてはじめられた、とつたえられている。

いまでも、地域の五割にあたるひとたちが、なんらかのかたちでこの仕事にかかわっている。吉田さんによれば、戦争中は毛皮の生産は軍隊におさえられていた。敗戦によって、軍の工場が解体され、村の人たちは鞣しの仕事を自分でやりはじめた。

といっても、自力で工場をつくる資本はなかったので、神戸や大阪の商社の下請けになった。とところが、失業者が多く、仕事量がすくなかったので、元請側の思いのままだった。家内工業がはじまったのだが、一戸建ての工場をつくる余裕はない。トタン葺きのバラック式工場で、排水溝はなく、あたりには悪臭が漂っていた。

社会が安定するにしたがって、ウサギの襟巻き（ネグレット）や羽織下の需要がしだいにふえた。家のなかでの作業だったので、部屋でウサギの毛が舞い上がるほどだった。ウサギの毛は抜けやすい。タンスのなかまで、毛がはいっている始末だった。「住工分離」が、住民の切実な願いだった。だから、ここでの地区改良事業は、不良住宅地区の整備改善と同時に、工場の集団化、共同化による近代化をすすめることでもあった。

ここには、四つの協同組合があったのだが、まずそれを連合会にした。それまでは、販売、仕入れなどの仕事は大手業者がおこない、地場の業者にはわずらわしい末端の仕事しかまわってこなかった。それも納期を圧縮してくるので、仕事を受けたところは、夜でも寝る暇がなかった。

「それで、支部としては、なんとかして仕入れから、製造、加工、販売まで、一貫した事業ができないものか、ととりくんできたんです」と吉田さんがいう。

一九七八年四月に、「菟田野町毛皮革産業振興公社」が設立され、工場団地がつくられるようになった。その「綱領」には、つぎのように書かれている。

「本事業は……経済的基盤を担っている重要な部落産業である毛皮革産業の経営基盤の確立、地区住民の生活の向上安定を図り、部落差別の完全解放の一つの手段としておこなうもの」である。

蹴鞠への挑戦

藤田久沙夫《ひさお》さん（56）に最初にお会いしたのは、菟田野町の毛皮革工業団地を訪問したときだった。たまたま居合わせておられて、紹介された。

このとき、蹴鞠《けまり》をつくっているひとだ、と聞かされて、わたしは一度話をうかがいたい、とお願いした。まだ試行錯誤の段階のようだったが、どう考えてもたいした需要のないものをつくっている、その情熱をめずらしいものに感じたからである。

桜井市の藤田さんのお宅を訪問すると、玄関先にいくつか鞄がならべられてある。鞄づくりが本職で、蹴鞠はその合間に試作されているようだ。

四、五年前、市内にある談山《たんざん》神社の禰宜《ねぎ》さんがやってきて、つくってみてほしいと依頼された。それで藤田さんは、京都の「蹴鞠保存会」にまで足を延ばして、実物をみて研究した。

そこには、型紙は遺されてあったが、もうつくっているひとはいないので、そのつくりかたを直《じか》にきくことはできない。つくっているひとは、四国にもうひとりいる、と藤田さんは聞かされている。蹴鞠の行事は、平安時代に流行《はや》った貴族の遊びで、烏帽子《えぼし》をつけ、革沓《かわぐつ》を履いた男たちが、鹿革の鞠を地上に落とさないように、空中に蹴りあげる。

といっても、わたしはみたことはないし、蹴鞠をみるのもはじめてである。たしかに、貴族の遊びで、庶民には縁がないものとはいえ、日本の文化のひとつであるし、それをささえたものづくりの技術は、つたえられる必要がある。

藤田さんは、奥からいくつか試作品をもってきて、みせてくれた。

「失敗ばっかりしてまんな、正直いって。みかけは簡単でんねや、それでもなんぼでも失敗してしまう」

残念そうな表情である。

鹿革のやわらかそうなボールが完成している。それでも、ご本人には気にいらない。丸い団扇《うちわ》型に裁断した、二枚の鹿革を縫いあわせて、ボールの形にする。丸い革の縁に穴があけられている。重ねあわせた二枚の革の縁の穴に、馬の革を乾燥させてつくった、直径一センチ半ほどの「腰革」を通して縫っていく。ところが、その腰革の線が歪《いびつ》になって、きれいな直線にならない。試行錯誤がつづいている。

蹴鞠の革は、鹿の尻のやわらかな部分を材料にする。毛を抜いたあと、薬品をつかわずに、なたね油で鞣す。それから天日で干す。革の裏が、蹴鞠の表面になる。

このように吟味してつくった二枚の鹿革を縫いあわせて、どこか鼓の形に似ている蹴鞠になる。ところが、前に書いたように、縫い目が歪になってしまう。

形をつくったあと、縫い目から籾《もみ》つきのムギをいれていく。鞠のなかにぎゅうぎゅう詰めにしたあと、じょうろで水をいれる。と、水分をふくんだムギがふくらんで、パンパンになる。その革の表面を、丸い棒でたたいて整形する。この作業がむずかしい。

整形したあと、またムギを一粒ごとに外に吐きださせる。ところが、ムギがなくなって空洞になると、形が変わって、まん中を走っている「腰革」にゆがみがでる。この馬の革でできた腰革は、透明で、かつ丈夫なものである。馬の背中の部分の皮だそうだが、これも特注である。

馬と鹿では相性が悪いのかもしれない、などと冗談をいえないほどに、藤田さんは真剣である。もう五年もこの試行錯誤がつづけられている。

この困難な仕事をつづけているのは、達成したときの喜びを噛みしめたいからだ、と藤田さんはいう。

まだ一銭ももらっていない。いくらになるかもきいていない。商売抜きでやるのだから、蹴鞠づくりは、藤田さんの心意気である。

種籾のムギを一俵買いこんでいる。エアで鞠をふくらますなどは考えていない。技術に賭ける職人の腕である。

蹴鞠は形、硬《かた》さ、そして音が重要である。蹴ったときの音のさわやかさが問題なのだ、という。春の空に高くあがる蹴鞠が、のどかな音をひびかせている光景を、わたしは想像した。優雅な遊びである。それをささえてきたのが、日本の被差別部落につたわる技術だった。

藤田さんは、その復権に賭けて、技術の粋を発揮しようとしている。おそらく、もうじき、本人が納得する蹴鞠が完成する。それをみたい、とわたしは思った。

印伝革

西峠正義《まさよし》さんは、耳もよく聞こえ、記憶力もしっかりしていて、とても八九歳には思えない。いまでも作業場にいて、たしかな手さばきで、印伝革のプリントをつづけている。

これは、はじめてみた手作業である。息子の昭文さんが鞣した鹿革に、シルクスクリーン印刷の要領で、模様を切り抜いた型紙の上から、謄写版のように刷毛で刷ってプリントする。

ときどきみかける、名刺入れなどにあるトンボの図案のほかにも、西峠さんが考案した図柄がたくさんある。歳をとってきたせいか、わたしは印伝の巾着《きんちゃく》などに、とても魅力を感じるようになった。

西峠さんは、一九一〇年一〇月生まれ、尋常小学校を卒業すると、まっすぐに旧制中学校に入った、というから、なかなかの優等生だったと想像できる。というのも、そのころは、小学校を卒業して、二年制の高等小学校にはいるのが、精一杯だったからである。ところが、小柄だったこともあってか、せっかくの中学校もいじめつづきで、まもなく中退してしまう。さぞかし残念なことだったであろう。

それから西峠さんは名古屋にでて、中区にある桐の木の問屋に勤めることになった。下駄屋やたんす屋に材木を配達する仕事だった。自分でその仕事をみつけた、というから、気性がはげしかったようだ。

草履の裏に板をはった「八割り」の下駄をはいて、一本樫の荷車に材木を積んではこぶ仕事である。小柄ながらも、がっちりした体格なのは、年少労働の成果なのかもしれない。

が、そこは半年でやめて、京都の酢屋にうつった。これもえらかった。朝五時に起きて、掃除からはじめる。酢は染料の副材料である。大きな樽にはいっているのを、梯子《はしご》でのぼってちいさな樽に移し替える。上ったり降りたり、たいへんだった。

材木屋もそうだったが、小柄な少年が、荷車で大きな荷物を積んで、ランニング姿で汗まみれになって町を行く姿がみえるようである。

ここにも半年だけいて、そのあと、東京本所のセーム革(鹿革)工場にはいった。これからは、自動車が普及するから、車体を拭くセーム革の需要がふえる、といわれてのことだった。

「セーム革ちゅうのは、ぜんぜん知らんかった」

馬の脳漿《のうしょう》で鹿革を鞣していた。その前は鹿一頭の脳漿で、一頭分の鹿革を鞣していた、という。研究心旺盛な西峠さんは、東京のセーム革工場で、鞣しから染め革までの技術を修得して、奈良の故郷へ帰った。独立の希望をこめて、自宅の庭にセーム革の作業場を建てた。

しかし、戦争が激しくなると、「企業整備法」がつくられ、生産は大型工場へと集約されるようになった。

一九四三年八月、赤紙一枚で軍隊へ召集され、新兵として「満州」(中国東北部)へ派遣された。敗戦後、ソ連軍の捕虜として、シベリアに送られた。密林(タイガ)のなかで、鉄道の枕木用材木の伐採と運搬に従事させられた。

シベリアの重労働に耐えて、西峠さんは生き抜いた。が、帰郷したときには、重い結核に苦しんでいた。それから七年間ほど、入退院を繰り返していたが、戦後に普及した結核の特効薬・ストレプトマイシンによって、ようやく一命をとりとめることができた。

闘病中も、西峠さんは魚油で鹿皮を鞣す方法を考えていた。二年、三年と時間がたっていた。父親からは、「いい加減にやめとけ」といわれていたが、ある日、外に出してあった鹿皮が、夕立にあたってみごとなセーム革に変革されていた。

一九七〇年、六〇歳になったときに、セーム革の生産は長男の昭文さんに譲って、芸術的な「絵《え》韋《がわ》」制作に没頭する。

絵韋は、稲わらや松葉で燻《くす》べて、茶色やねずみ色に染めた鹿革に、模様を切り抜いた型紙を当てて、漆をインクにして印刷する「印伝」の手法を開発した。

中国から輸入した鹿革を鞣し、染め、その上に、自分で古い文献から採集した絵柄を一枚一枚、漆のインクをふくませた堅い刷毛を、両手で押してプリントする。完全な手仕事の染革工芸である。西峠さんが創設した「大和工業」は、製革からプリントまでの一貫生産だった。

自宅の応接間の壁は、西峠さんが作成した、絵韋で装飾されていて、重厚な雰囲気を醸しだしている。お宅へうかがうと、笑顔で出迎え、帰りにはやわらかな手触りの巾着や名刺入れなどを惜しげもなくお土産にくださった。

情に厚いひとだった。親戚の伯父さんのように人懐っこくて、ときどき電話でお話ししていたが、二〇一〇年二月二日、九七歳で他界した。

研究と工夫、アイデアと努力、ひとを大事にした生涯だった。

（「解放新聞奈良県連版」一九九七年八月から二〇〇〇年九月までの不定期連載および『部落解放なら』第一一号・一九九九年三月の再掲載をもとに加筆修正）

第三部

解放同盟支部をつくったひとたち

環境整備から取り残された奈良市畑中

畑中《はたけなか》は奈良市のほぼまん中にある。

入口は道路に面しているとはいえ、両脇はＪＲの線路と大学の高い塀にはさまれ、うしろは崖によってふさがれた、三角形のせまい一郭《いっかく》である。

木造の家と家とのあいだの路地は、すれちがうひとをやりすごすのが精一杯、というほどに狭隘《きょうあい》である。三九戸、九七人のちいさな部落である。

被差別部落がこんな市街地にもあることに意表をつかれる想いをしたのは、わたしが不勉強だったからだ。それだけに、都市のまん中にあって、環境整備から取り残されているのを不思議に思った。ちいさな集落だから、目こぼしされてきたのだろうか。

ここに住むほぼ三分の一のひとたちが、手縫いの靴をつくっていた。そのあと、靴工場ではたらくようになった。ほかに下駄職人などだった、という。

部落解放同盟の支部がつくられたのは、一九九四年六月というから、つい最近のことだ。環境改善がおくれていたのには、そのことも影響していたのであろう。一軒ずつまわって歩いて、支部結成にこぎつけたのは、玉田佐千子さんたち四人の女性だった。

「支部をつくるなど、だれも考えてなかったんです。いつかは行政がやってくれるんやろ、と信じて待っていたんです。が、やってくれなかったんです」

それで彼女たちがたちあがった。自分たちが動かないかぎり、行政もまた動かない。「特別措置法」があと二年で切れる、そんな差しせまったときになっていた。市内で一〇部落あるなかで、この地区の整備だけが遅れていた。自治会はいつまでたっても、動こうとしなかった。なんとかしなければ、との声が女たちからあがっていた。

それまで、個人的に市に要望したことがないでもなかったが、「あそこは気にかけてます」といわれただけでおわっていた。そんなときに、たまたま解放同盟奈良市協議会の岡田隆雄議長と会うことがあった。それで、「支部をつくらなければ」となった。

一九九四年六月のはじめ、女性四人が署名活動をはじめた。住民の署名をとって市に改善の要望をしようとなったのだ。日曜日、朝から暑い日で、雨が降っていた。首からタオルをかけて、汗と雨のしずくを拭きふき、一軒ずつ説明して歩いた。署名簿は自治会に提出して、自治会から市にだしてもらう、という段取りだった。

その動きが自治会の役員につたわったのか、部落の拡声器から「緊急集会がおこなわれる」との放送が流された。やっつけられるなあ、と玉田さんは覚悟して集会所にいった。と、やはり、「なぜ、自治会に相談しなかったのか」と役員から攻撃された。

そういわれても、署名活動をはじめる前に、自治会長には三度も訴えにいっていた。それでも、彼は動かなかった。だから、自治会にいっても無駄や、と判断して仲間の女たちと署名運動をはじめたのだ。

「待ってほしかった。自治会としてもやろうと思っていたんだ」というのが、その日の役員たちの説明だった。要望書をつくって、市へもっていく、ということになった。が、それですますことはせず、玉田さんたちは六月末に支部をつくることにした。

「このままでは、いつまでたっても環境は改善されない」「ここにこれからも住むためには、環境を変えなければいけない」などと若い女性の声がつよかった。

行政のいうままにならず、住民の運動によって住民の意見を反映させなければ、畑中地区は遅れるばかりだ、との想いがつよまっていた。地域に根を生やして暮らしているのは、女たちである。

「畑中を生まれ変わらせるのは、女たちしかいない」

そんな想いで、一一人で支部を結成した。副支部長だけが男性、ほかの役員は全員女性である。組織をつくるために、中心になっていた玉田さんが支部長におされた。といっても、女性にたいしての理解が特別にすすんでいる地区というわけではない。「女だてらに」との声がなかったわけではない。

それでも、女の力をひきだしたのは、玉田さんの組織力のようだ。地域の解放運動が、女性解放のエネルギーによって、すすめられた典型的な例といえる。

支部結成の知らせは、共同浴場の壁に張りだした。加盟者もふえるようになった。自治会と支部とが合同で「畑中まちづくり推進協議会」を結成して、市へ要望書を提出したのは、九八年八月中旬だった。

女たちの解放同盟づくり

玉田さんの話をきいて、わたしは、いまでもなお、被差別部落のなかに解放同盟がないところがあり、それを組織するむずかしさを知らされる思いだった。行政が生活環境を改善してくれる、との思いこみは、保守層が地域の幹部になっていることの影響でもあるが、戸数のすくない地区に住んでいれば、幹部を批判するのにはかなりの勇気を必要とする。そのなかで、女たちが運動をつくりだしたのは、注目に値する。

まちは生活の場である、という感覚は男たちにはすくない。家にいることがすくないからだが、自分たちの力でまちづくりをするんだ、との要求は住民の自治権の要求でもあって、民主主義のあたらしい局面でもある。

それが自治会の保守的な幹部たちに抵抗されているのは、解放運動の困難な一面をもみせている。解放同盟ができて、運動がひろがると、「寝た子をおこす」との批判がでてくる。それといままでの「ボス支配」が崩れるとの心配もでてくる。

県連の青年部が中心になっておこなった「住環境整備に関する住民意向調査」（全戸対象）によれば、六〇歳以上の人口は二七パーセント、「六〇歳以上だけの所帯」が二七パーセントを占めている。ひとり所帯が三〇パーセント、ふたり暮らしをふくめると、半数近くになる。高齢化した夫婦が、ひっそりと暮らしている光景がみえてくる。

ここに住んでいて困っていることを順番でいうと、「緊急時、自動車や消防車がはいれないので災害時が心配」が、「道路が狭くて不便である」とおなじ九七・四パーセントを占めて、第一位となっている。

そのつぎは、「公園など子どもの遊び場が少ない」「交通量が多く危険である」が九四・九パーセントとなっている。この「交通量が多い」とは、地域が面している奈良生駒《いこま》線のことだが、生活道路では不便をおしつけられ、生活に関係のない道路に苦しめられているのは、矛盾である。

この地区のいい点については「駅にちかい」などの利便性が筆頭にあげられている。このほかには、日常生活でひんぱんに声をかけあうなど、人間関係の結びつきが濃密なことが読みとれる。このような利点を活かしたまちづくりが、運動によって、さらに人間味あふれる、人間が大事にされるまちにむかう希望をもたらしている。

土地と家をもっているひとたちが、七四パーセントも占めていて、それでもなお、ほぼ全戸が市による買収を希望しているのは、いまの住宅環境があまりにも悪く、再開発による改善を望んでいることを示している。

住民が望むまちづくりになるためには、いろんなひとたちが、なんでも話せ、それが保障される地域の民主化が必要となる。地域づくりとひとことでいうのは簡単だが、「地域づくりと意識改革」と、玉田さんがいうように、問題は多い。

有力者たちは、それなりに安定した生活をしているので、地域に改良住宅がつくられ、「隣保館」という集会所ができると、いかにも「部落」であるとわかるようになってしまうのをおそれている。だからこそ、「地域づくり」と「意識改革」とのふたつが切って離せない関係にある。

さらに、これからは、「地域づくり」とほかの地域との結びつきをどう強めるかも視野にいれる必要性がでてきている。それらの困難な課題を、女性たちが担っているのが、あたらしい時代を感じさせる。

「まちづくり」を自分たちの手で

玉田さんは、一二年ほど前、市役所の社会教育課で、二年ほどアルバイトではたらいたことがある。このとき、部屋にあった「水平社」運動と解放運動の資料に出合った。それをむさぼるように読んで、眼をみはる想いだった。そのことによって、畑中地区が取りのこされている実情がよくわかったのだ。しかし、まだひとりから運動をはじめるまでにはいたらなかった。

三年前、公民館運動の婦人学級長になった。このとき、親戚のひとたちに、自治会は住宅改善の陳情などをしていないのか、とたずねられた。調べてみると、なにもしていないことがわかった。それで四人の女性があつまって、市にたいする署名活動をはじめたのだ。

下の息子はまだ中学生だった。その子が、行政がなにもやってくれない、ときいて、「なにをしとるんや、ぼくだったら支部つくるのに」といわれたのが、彼女の行動のエネルギー源となった。うえの子どもが重度の障害児だった。ふたりの子どもを女手ひとつで育ててきた。彼女自身、父親がアメリカ人で、色白で彫りの深い顔だちだから、差別されていたと思う。

それにくわえて部落差別と障害者差別、さばさばした人柄なのだが、若いときの悩みは深かったはずだ。その苦悩を克服した経験と率先して支部を結成した行動力とが、結びついているようだ。

自治会の幹部ばかりか、お寺の住職も支部結成には強硬な反対派だった。「寝た子をおこすな」。お寺から冷たくされると、たちまちにして生活にこまるから、住職の影響力が大きい。

玉田さんのところには、住職がお参りにこなくなった。お寺にもはいれなくされた。いやがらせである。それでも彼女は、「まちづくり」の大事なときだから、と我慢してきた。いまは「やりかたがあまりにひどい」との批判があがっているという。

玉田さんたち女性の運動に同盟の奈良市協、県連などが応援して、ようやく三年前に支部をつくることができた。副支部長以外の役員が、女たちであることが、女たちの熱意とエネルギーをよくあらわしている。「地域を変えて、意識も変える」と玉田さんはいう。子どもを育てあげた女の強さでもある。

解放運動について、生半可な知識しかないわたしは、被差別部落には、それぞれ解放同盟があるものとばかりかんがえていた。それは被差別の実態をよく理解していないことにもつながっている。差別があまりにも強いと、もっと差別されるおそれがある。それも覚悟して差別にたちむかうのは、非常な勇気とエネルギーとを必要とする。

たとえば、学校でのいじめにひとりでたちむかうのは、とても困難なことだ。みんなでいじめるものを批判していくしか、いじめは解決できない。部落解放の場合は、その力を運動体がつくりだしてきたのだが、それでも、まだまだ起ちあがっていない地域もある。

支部を結成してから、「畑中まちづくり推進協議会」を旗揚げして、土地利用計画をつくった。地域を整備して、三階建ての改良住宅をつくり、公園や独居老人用の低家賃住宅もつくる。まちづくりは、自分たちの手でできる。これが運動がもたらしたたしかな手ごたえである。

歴史を掘りおこす松元さん

橿原《かしはら》市飛騨町の松元二郎さん（54）は、快活な人物で実践活動の経験が体にみなぎっている。朝、四時に起きて地区の掃除をしている。それは自分たちの住む地域を、自分たちの力で変えてきた誇りのあらわれのようである。藤原京の跡地に隣接するこのあたりは、整然としていて、瓦屋根が美しい町並みとなっている。ここにいたるまで、部落のひとたちの長い運動があったことを想像させる。

松元さんは、二冊の著書をだしている。『飛騨の息吹―むなつき坂から』と『ふるさとのうた―飛騨の息吹』（いずれも自費出版）で、この地域での解放運動の歴史と聞き書きによる生活史である。いまは、方言の採集をされている。歴史を変えるために、歴史にこだわり、歴史を残すための実践のひとつである。

中卒後、大阪の鉄工所ではたらきだした。そのころから、解放運動もはじめていた。日教組の教師たちが、部落に寝泊まりして、長欠児童の世話をする実践活動があった。その影響が強かった。

が、それ以上に、松本長八が「水平社」運動の先達であったこともとうぜん影響している。

飛騨水平社の活動

この地域での水平社運動について、松元さんはこう書いている。

大正十一年三月三日に京都の岡崎公会堂で水平社創立大会が開かれ、その後奈良県内で急速に水平社運動が広がり、同年四月三十日に中和水平社の演説会が開かれるので吉備町の連中が飛騨へ宣伝にきてたのです。

当時十八才だった忍兼則さんのお話では、風呂の掲示板に「水平社宣伝演説会」の張り紙があったので「『ミズヘイシャ』て、なんやろうな」とみんなでお寺へその演説を聞きに行ったのです。その時阪本清一郎、西光万吉、駒井喜作、泉野利喜蔵さん、それに子供を連れた中西さんという女の人も演説され、出る弁士も出る弁士も差別された苦しみを訴えるので、忍さんらが共鳴し、水平社をつくろうという事になったのです。

村の若者達は、それまでは学校でも芝居小屋、浴場でもどこでもひどい差別を受けていたにもかかわらず仕方のないものとみんなあきらめていたのです。

忍さんが八才か九才の頃、近くの飛鳥川で夕涼みをしていた時、青年同士の間で傷害事件が起きて、横にいた忍さんが八木署へ連行され取調べを受けました。その時、警部補が「ドエッタ、ドエッタ」と何べんも繰り返し言った事を忍さんは演説を聞きながら思い出していました。

大正十一年五月十日に奈良県水平社創立大会が開かれるまでに飛騨に水平社をつくろうと決め、仕事をほったらかしにして夢中になって活動したのが十人ほどの人たちでした。若林市太郎、松本長八、宗川勘四郎、松並弥平治、石田大助、青木兼松、忍兼則、伊藤さんその他誰やったかなと語りながら……。

再び奈良県水平社創立大会が八木の戎座（現在八木和歌山相互銀行）で開かれた話をつづけ当時年上であった宗川勘四郎、松本長八さんの二人は元老株で、若い者は二人の指導を受け飛び廻りました。近くで差別事件や演説会があると、いつもこの十人は飛んでいきました。

大正十一年八月二十四日には、県水平社の中軸となっていました。柏原とならんで大福部落で提燈デモが行なわれ、同日夜七時半に同村光専寺に五〇〇人以上の人々が集りデモにうつりました。水平歌を歌いつつ、一行は西の宮の恵美須屋まで行進し、そこで〝特殊部落万歳〟を三唱して引返し、森本村長宅前でも万歳を繰り返して光専寺に戻ったのち、演説会に移り、平野小劔、楠川由久、地元として松本長八さんが演説しました。

三輪署長以下四〇～五〇名の巡査が警戒する中で画期的なデモが行なわれています（中和水

平月報）。

この部落は水平社一色にぬりつぶされ、村民の中に運動が発展し、どんな圧迫も水平社の前進をとめる事はできない状態であったといわれています（松元二郎『ふるさとのうた―飛騨の息吹』）。


松本長八は、奈良県水平社の初代委員長となった人物である。それほど、昔のことではない。松元さんのお宅には、ずうっと、当時の荊冠旗が保存されていたのだが、さいきん、県本部に寄託したという。

水平社の運動にたいして、発足当時から、右翼団体や警察ばかりでなく、軍隊さえ出動していたことは、わたしもおぼろけながら知ってはいた。が、この本を読んで、「下永事件（水国闘争）」の経過をはじめて知ることができた。この事件は一九二二（大正一二）年三月一七日に起こったものである。

嫁入り道具の行列が通っていくのを眺めていた老人が、「あれは、これだ」と指四本をだしたのを、下永地区の子どもがみてとがめ、押し問答になったことからはじまった。

駐在巡査がなかにはいって、老人に注意し、子どもたちに口どめした。その後、老人は姿を消して交渉の場にでてこず、国粋会（博徒組織）の幹部が代表となって謝ることにした。が、下永のひとたちはそれに納得しなかった。

それからこじれて双方が武装して衝突、三〇〇人の警官隊が動員された。警察はこの問題に無関係であるはずの国粋会が関与するのを規制しなかった。

水平社側は、謝罪文と国粋会員の逮捕を要求していた。しかし、交渉は成立しなかった。国粋会側は、青年団や在郷軍人など一〇〇〇人を集め、水平社側もそれに対抗するため各戸に動員をかけた。双方ともに竹槍と鉄砲で武装していた、という。

こうして、軍隊の出動が要請されたのだが、結局は軍隊の到着前に県警部長の調停で和解することになった。ところが、逮捕者をださない、との約束は破られ、水平社側は三五人も収監された。これにたいして、国粋会側は一二人の逮捕・起訴だけに終わって、差別的だった。判決も水平社側に一方的に重く、きわめて不公平なものだった。松本長八は、懲役一年の実刑だった。

解放運動ははじまったばかりだった。そのころの差別が強圧的、暴力的だったのは、当時の大衆運動にたいする治安対策の反映でもある。この地域には北原泰作、駒井喜作など水平社運動の代表的な人物たちもまたよく姿をあらわした。そのあとの解放委員会の初代委員長の石田重成もまた、ここの出身者だった。

というように、解放運動の伝統もあって、松元さんは、一〇代から活動家となったのである。

「いつもは封建的なムラなんだけど、なにかことがあると、一揆的にもりあがったんだな」と、松元さんは笑いながら分析している。

飛騨の解放運動のはじまり

失対事業がおもな生計の糧で、三〇〇人ほどが従事していた。昔の仕事は水牛釦《ぼたん》の加工で、大小二三戸の業者がいた。仕事は三工程にわかれていて、「つめ切り職人」が、牛の角やつめを水につけ、釜で炊いてやわらかくしたあと、切りひらく。「ジャキ職人」が、切りひらかれたつめを、万力で平たくひらき板状にする。

「ポン抜キ職人」が、板状になったものを、丸い歯形で大中小に抜き取る。小学校三、四年になると、ポン抜き作業で学校を長欠して、手間賃を稼ぐようになる。

解放同盟の支部がつくられたのは、一九五八年五月だった。ひそかに、五人のひとたちが集まり、「あいつ染めようか」とオルグする。一本釣りである。松元さんが最年少だった。彼はあっちこっちオルグにまわるようになる。

住宅闘争がはじまるのは、六一年からだった。奈良県ではじめてだった。舞台は隣の高田市である。住宅要求闘争だが、運動したものに住宅を分けるか、困っているものを先にするか、に議論が分かれていた。組織論のちがいでもある。まだ余裕がない時代だから深刻な対立でもあった。松元さんたちは、困っているものを優先した。

市役所はそれを拒否して抽選を主張した。松元さんたちはピケを張った。機動隊が導入されて、松元さんもふくめた三人の青年が逮捕された。

大阪ではじまっていた運動が、奈良県にひろがってきた。市役所の前にテントを張って、泊まり込んだ。市営住宅よこせの要求である。

松元さんは大きな声でガハハハと笑いながら話す。こんな感じで闘争を指導してきたのがよくわかる。抑圧をハネ返してきた楽天性である。

（「解放新聞奈良県連版」一九九七年九月から九八年一月までの不定期連載
および『部落解放なら』第八号・一九九七年一二月の再掲載をもとに加筆修正）

小諸の被差別部落を歩く

野仏にこめられた祈り

移転させられた石仏たち

高橋俊雄さんが、先にたって歩いている。まだ夏の気配が強く残っている、小諸《こもろ》市の起伏の多い道を、白い半袖シャツを着た小柄な高橋さんが、七六歳にはとても思えない健脚で、とっとと前を歩いていく。

三〇年前に、部落解放同盟の支部を結成してから、おそらく、高橋さんは、このようにして、この地域を隈《くま》なく歩いてきたのであろう。そう思わせるたしかな足取りである。

千曲川《ちくまがわ》に沿って小諸城が構えられた。小諸は、そこから浅間山《あさまやま》に登る、なだらかな傾斜につくられた町である。だから、町を歩くときは、ふくれあがったような坂道をいったりきたりすることになる。それでも高橋さんは、いっかな疲れたような表情をみせない。

蛇堀《じゃぼり》川の橋を渡ると、城下は尽きて、甲州街道と北国《ほっこく》街道の分岐点にでる。

「あの土手に、石仏《いしぼとけ》がならんでいたのです」と高橋さんは、いまでもその影がみえるかのように、指をさして説明した。いまから一五〇年前、嘉永《かえい》年間のころの話である。部落の女たちが、西国《さいごく》三三番観音の巡礼代わりに、石工《いしく》に頼んで、道ばたにたちならべた。

村のひとたちばかりが、そのちいさな石仏に祈っていたのではない。通りすがりの旅人も手をあわせて拝み、旅の無事を祈ったはずである。ところが、「部落のものには身分不相応だ」との理由で、藩から取り片づけの命令がだされて、一八五二年に移転させられた。その移された場所にむかって、わたしたちは歩いている。

民家のあいだを通り抜けると、前方の畑の隅が金網で囲われている。畳数でいうと、三〇畳敷きぐらいの広さだろうか、その長方形のコンクリートの空間をはさんで、光背《こうはい》を背負った観音仏たちが、まるで会議でもしているかのように、むかいあっていた。

強い陽射しのなかを、石壁のような色をしたちいさな蛙《かえる》が、ぴょんぴょんとんでいくのがみえた。奇妙なほどに静かな空間にいる、粗削《あらけず》りの野仏たちである。その素朴さがほほえましい。

一カ所にあつめられ、フェンスのなかにならんでいるのは、もちろん保護されてのことだが、それでもなにかひと塊になって、圧制に抵抗しているかのようにもみえる。排除されてなお、こうしていまに残されてきたのは、村のひとたちに護《まも》られたからである。それがひとびとの信仰の篤《あつ》さを物語っている。

キリスト教と解放運動

高橋さんが、部落解放運動に参加するようになったのは、戦後もだいぶたってからだった。戦争がはじまる年の一九四一年三月、地元の小諸商業（旧制）を卒業したあと、大阪の住友金属工業に採用された。

卒業する前年に、非常時体制となっていて、修学旅行は禁止された。積み立てていた旅行費用は返却されたとはいえ、楽しみにしていた関西旅行は実現されなかった。このまま憧《あこが》れの奈良や京都もみることもなく、徴兵されて戦争で死ぬのか、との思いがあった。

それで学校に求人がきていた関西の会社に、飛びつくようにして就職した。たしかに不自由な時代にはなっていたが、休みになれば、念願通り奈良や京都に足を延ばすことができた。

敗戦前年の四四年春、徴兵検査を受け、一一月に陸軍宇都宮連隊に仮入営、一週間後には、朝鮮半島を経由して、戦車第三師団北支《ほくし》派遣軍として中国へ送られた。機動砲兵連隊の一員だった。八月、ソ連軍が参戦。「万里の長城」の防衛を命じられ、八達嶺に到着したとき、敗戦となった。

中国で敗戦を迎え、四カ月後に「復員」した。住友金属に復帰したのは、翌四六年春だった。が、六月に母親が死去したので、故郷に帰って父親のもとにいることにした。まもなく、高橋さんがキリスト教に入信するようになったのは、天皇制教育によってつくられた皇国史観を否定してのことである。

そのころの意欲的青年は、キリスト教とマルキシズムの清新さにとらえられていた。高橋さんは、友人から、部落差別をなくすため、部落解放同盟にはいって活動しよう、と勧められていたが、「部落問題は、地上の問題だ」といって、拒否していた。

四〇年ほど前のことだ。高橋さんの甥《おい》っ子が、親戚《しんせき》同然につきあっていた家の娘に結婚を申し込んだ。と、先方の親が猛然と反対し、娘を座敷牢《ざしきろう》に閉じ込めた。娘は牢からとびだし、世をはかなんで鉄道自殺してしまった。

「差別される部落の側だけに悲劇があるわけではない。差別するほうにも悲劇が起きる。部落差別の問題をこのままにしておくわけにはいかない」と、高橋さんはかんがえるようになった。それからしばらくして、傷心の甥もようやくたちなおって、べつの女性と結婚することになった。ところが、こんどもまた女性の親に反対された。彼女は家出をして、高橋さんの姉の家にやってきて、そこで結婚の支度を整えた。先方の親は親戚ともども、結婚式にも披露宴にも出席しなかった。

「宗教による幸せだけをもとめているわけにはいかない」との思いがますます強まった。といっても、高橋さんが、いまでも敬虔《けいけん》なクリスチャンであることにはかわりはない。七一年に高橋さんは、隣組で一年先輩の高橋三郎さんと与良《よら》支部の結成準備に動きはじめた。六人の仲間と与良支部の結成に踏み切ったあと、加増《かます》、与良など八支部で構成する、小諸市協議会の専従としてはたらくようになる。現在、小諸市協の書記長である。

部落と知って

村田万里子さん（51）が、被差別部落のことを意識するようになったのは、一六歳になったころだった。小諸市に青年団ができて、地区にもつくられようとしていた。そのころ、毎年夏になると、早稲田大学の部落解放研究会の学生たちがやってきて、絵本を読んでくれたり、歌を教えたりしていた。村田さんはこのころ、中学を卒業して、はたらいていた。彼女がその集まりに行きたいというと、親は行ってはいけない、といった。

それでも、楽しそうだったから、青年団の一員として、学生たちと交流しているうちに、なぜ彼らがここにやってきているのか、ぼんやりながらもわかるようになった。家に帰って、彼女は母親に、部落差別について聞いた。

「そんなこと、子どもは知らなくていい」

母親はお茶を濁していたのだが、気になってしかたない。だけどだけど、と食い下がっていた。家は絶対ちがうとの思いがあったからだ。ついに母親が耐え切れずにいった。「それそのものだよ」

「えぇーって、すごいショックでした。それまではひとごとと思っていましたから」

万里子さんは、すこし大きな声になった。

「それからは、もうこわいっていうか、いつもひとが変な目でみているんじゃないか、と。部落外のこれまで仲よくやっていた友だちが、前のように接してくれていても、自分だけでへんにどきどきしたりして、落ちこみました。どうしようもない、つねに頭から離れなくて、気持ちが沈んでいって、びくびくっとする。知らないでいたかったなあ、って」

だから寝た子を起こすな、っていっただろう、と父親は不機嫌だった。それでも、これまで思いあたる節《ふし》がないではなかった。あの衆はべつだからとか、あいつらはって感じで、いわれたことがあったのだ。

子どものころ、地域対抗の運動会などがあると、駆けっこでもなんでも、いま加増支部にふくまれている荒堀《あらぼり》地域が、いつも優勝していた。だから万里子さんは、荒堀はすごい、とプライドを感じていたのだった。ところがだんだん、この村はいけない村なのか、と負い目を感じるようになった。感じやすい年頃のことを思えば、彼女の苦悩の深さを理解できよう。

説明できなかった親たち

ＪＲ小諸駅から、歩いて六、七分ほどのところにある「隣保館」の一室で、わたしは万里子さんの話を聞いていた。彼女を紹介してくれた高橋書記長が、そばにいて、親たちは、「昔からそうだった」というだけでうまく説明できないんです。子ども同士でけんかしていて、「長吏《ちょうり》っぽ」といわれると、力がぬけてしまう。家に帰ってきて、ぼろぼろ涙を流して母親に訴えたにしても、母親は我慢しなさいっていうだけ。そのころまでは、差別についての学習など、なかったんですね、とつけ加えた。

「うちは苗字《みょうじ》がちがうから、知らん顔していようかな、という気持ちもないわけではないんですけど、子どもがあとで知った場合、かわいそうなので。きちんと、正しいことを教えておけば、胸を張って生きていけます。びくびくすることなく、人間みんなおなじなんだ、と教えておけばいいんです」

万里子さんがそういうと、高橋さんが昔のことを思い出していった。

「一五年ほど前のことだったんですが、ある小学校で、荒堀からきていた子どもにむかって、町の子が、『部落民』といったんですね。そのことを聞いた先生が、そこでは同和教育をやっていましたから、びっくりして、その発言をした子の家へいったんですね。でてきたおばあさんが、『うちの嫁も部落の出身です』といったそうです。町に住んでいるんで、母親は子どもに、自分のことをいってなかったんですね」

また、こういうこともあった。ある若者が、部落出身の友人が結婚問題で悩んでいるので、くよくよするな、と励ましていた。いろいろ励ましているうちに、自分の父親も励まされている友人と、おなじ地域からでている、それで自分も部落出身である、とわかって、なにもいえなくなってしまった、という。

「部落のひとたちは、隣近所知り合いだから、あけっ放しで生活しているんです。ところが、ほかに引っ越して、隠して隠して、部落と関係なく暮らしているひとたちがいっぱいいると思うんです。で、そういうのを考えると、なんていうか、日本中、部落になっているんじゃないか、と思うんです。きょうだいだけをみても、いろんなひとと結婚していますから」

万里子さんは、おかしそうにいった。彼女が結婚したのは、二二歳のときだった。相手の親が反対していたので、なん回か話し合いにいった。それで、「いいでしょう」となったのだが、いざ結婚式になったら、待ってくれというのだ。押し切って結婚した。それでも、なんでそういうことをいわれるのか、それが悔しかった。

「やはり、せつなかった」と彼女はいった。「その分だけ、いいお嫁さんになろう」と決意した。結婚相手は、親がなにをいっても無関心で、「そんなこと考えるほうがおかしいんだ」と歯牙《しが》にもかけなかった。といって、差別に怒っている、というのではない。万里子さんのいい分をかりると、達観しているのだそうだ。

いちばんうえの姉は、奄美大島《あまみおおしま》の男性と結婚した。このとき、相手側は、内地のひとと結婚する、と考えただけで、なんの問題もなかった。兄はおなじ地区のひとと結婚していた。そのあとに結婚した彼女は相手の親に反対され、弟の場合は、もっと強く反対された。だから、時代がすすむにつれて、結婚差別がなくなる、というものでもない。

姉が里帰りするとき、義兄のきょうだいたちがつれだってやってくる。奄美は身内の結束が固いのだ。朝起きて、ちかくを散歩して帰ってきて、「表札をみると、ここは高橋ばっかりですね」と面白そうにいったりする。「わあっ、きた」と彼女は思ったのだが、それでなにごともなく終わった。べつに部落を問題にしていったのではない。ただ、単純に「おなじ苗字が多い」といっただけなのだ。でも、「こちらはそうは思わない」と、万里子さんは笑っていった。

高橋書記長がそれにつけ加えていった。

「子どものころ、荒堀へ遊びに行くと、みんな高橋だから、人間はみんな高橋だと思っていました。小学校へはいったら、いろんな苗字があるんでびっくりした。笑い話みたいでしょう。わたしらが育ったころは、ほかにあるのは、朝倉ぐらい」

なぜ避けられるのか

高橋さんの次男と結婚したのは、高橋品子《しなこ》さん（48）である。子どもが学校にはいったころから、義父の影響もあって、活動をはじめるようになった。

万里子さんは加増支部の会計であり、品子さんは小諸市協議会の女性部長である。品子さんが五歳のとき、両親が離婚した。それで彼女は父親と一緒に荒堀をでて、市内の他地区の小学校にはいった。そこには、村の子は彼女ひとりしかいなかった。しかし、そのあと、こんどは母親に引き取られることになった。おなじ学校だったが、住所だけが変わった。

六年生になったとき、いつのまにかクラスのなかで、女子生徒たちから避けられているのを感じるようになった。そんな状態におかれていた子がもうひとりいた。ところが、彼女は裕福な家の子どもだった。親が先生につけ届けをしているのが知られて、無視されるようになっていたのだ。

しかし、自分の場合はどうしてだろう、品子さんは腑に落ちなかった。といって、それを問いただす勇気はなかった。母親ひとりがはたらいて、生活が貧しかったから、と品子さんは考えていたのだが、「あんたはちがうんだよね」といわれたりして、なにがちがうんだろうか、と不思議に思った。

「あれだね」と面とむかっていわれたこともあった。しかし、彼女には、なにがあるのかわからなかった。中学校へ行けばこんなことをされなくてすむ、それだけを願いにしていた。教師は見てみぬふりをしていた。

友だちの家へアルバイトにいったとき、夫婦げんかがはじまった。おじさんがおばさんにむかって、「このチョウリッポ、おめえみたいのはでていけ」というのを聞いた。

「どうしてあんなことというの」

あとでおばさんに聞くと、「あんたもそうなんだよ」。

「なんなの、それって」と聞き返したのだが、それ以上のことをおばさんはいってくれなかった。

友だち同士でどこかに遊びにいっても、帰りのクルマを遠くに止めてもらって、「ここでいい」といって降りたりする。なんだか、アラボリといっちゃいけないような気持ちになっていた。

兄が結婚するとき、相手の親から強い反対をうけた。それでも、母親は部落差別だとはいわなかった。この村に暮らしていれば、べつに差別されることはないんだから、そんなの関係ないんだ、というのが母親の理屈だった。楽天的というか、なにごともいいようにしかうけとらないのである。

品子さんが、差別について、くわしいことがわかるようになったのは、七三年に高橋さんの次男と結婚してからだった。

「同和」教育がはじまったのは、そのころからである。それもまだ教育方法を模索していた段階だった。高橋さんによれば、最初は、差別の歴史などを語る「同和」教育が、「童話」の勉強のようにうけとられていた、という。

たとえ結婚に反対していたにしても、たいていの親は孫ができればかわいがる。婿や嫁の人間性や生活ぶりをみれば、なんであれほど反対したのかわからなくなるのが普通です、と高橋さんは静かな口調でいった。部落差別など、なんの根拠もないことの証明である。

子どもにつたえていく

「解放子ども会」に子どもを出すかどうか、それが親たちの悩みのひとつになっているようだ。解放運動に参加していても、子どもにどうつたえるか、についてはなかなかの決意がいる。このことについて、品子さんは、こういう。

「村のなかにいれば、どんなに苗字を変えたにしても、部落の子だとわかるのだから、子ども会にだして、きちっと教えたほうがいいと思うんです。けど、隠したい気持ちの親は子ども会にだしたがらないんです。

わたしも、最初のころ、べつに通わせる必要がないと思っていましたけど、二年生になってからだしました。行かせてよかったのは、親が教えなくても、部落のことがわかることです。自分たちのことを教わるだけではなく、ひとの痛みを学んできますから、やさしい子どもに育っています」

子どもに生きていく力がつく、ということのようだ。どこの地域にも共通する悩みで、部落ばかりの問題ではないのだが、村をでた若いひとたちが帰ってこない。このことについて、万里子さんが、「まず部落とはいっさい関係ないって顔してますから」と、都会に行ったひとたちをいささか非難っぽくいったのだが、隠して結婚していると、相手を郷里につれてこれなくなってしまう。

たとえば、結婚相手が村にやってきたとき、隣保館にかかっている「部落解放同盟」の看板などを目にとめないか、と心配したりする。高橋書記長は、「看板があったら、すばらしい運動です、と自分のほうから胸を張って説明できるようになってほしいですね」という。

どこでも、運動に熱心なのは、女性たちである。品子さんは、自分たちがうけた悔しい思いを、子どもたちに味わわせたくない。いつまでも、このような差別はあってはいけない、と強く思うから運動しているのだ、という。

「子どもが結婚差別にあったときに、こんなことがあってはいけないんだ、と子どもとともにがんばっていける、そういう親子の絆《きずな》をしっかりさせていきたい」

小諸市には「女性団体連絡協議会」というのがある。そこでほかの団体のひとたちと、解放運動を理解してもらうように一緒に運動している。

万里子さんと品子さんは、従姉妹《いとこ》同士だそうである。親たちのきょうだいが多く、みんな仲がいい。だから、従姉妹同士も仲がいい、という。「なんだって、村の子どもたちは親を大事にする。

一般の衆はしでえもんだ」というのが、親たちの自慢話だった。村では、親を大事にするので、「孤老」というのがすくないのだそうだ。

「欅のはなし」

村のまんなかに、古い欅《けやき》の大木があった。その樹の下で、万里子さんや品子さんたち、地域の子どもたちが遊んでいた。村のひとたちがその場所を、「お稲荷様《いなりさま》」とよんでいたのは、ちいさな社《やしろ》があったからだ。

欅の木は台風で枝が折れたので、ついに切られてしまったのだが、この欅は、何百年にわたって、荒堀のひとたちの暮らしをみつめつづけてきた。この稿のはじめに紹介した、取り片付けを命じられた三三体の観音像をひそかに保存してきた話や、あとで触れる「葬式にこなかった坊さん、きた坊さん」の話などは、欅が目撃してきたものである。

荒堀のひとたちへの差別とそれへの抵抗の姿は、いま「欅のはなし」としてまとめられ、子どもたちに差別と抵抗をつたえるための「地域教材資料」にされている。

三三体の観音像に示される西国三三カ所の巡礼への希求が、「長吏」の歴史と深くかかわっていることを指摘しているのは、加増支部長だった故朝倉米重さんである。彼はつぎのように語っている。

当時の処刑というのはみせしめの刑ですから、竹矢来《たけやらい》を結った中で執行したのです。だから、お頭《かしら》さんの家《うち》へ行くと、今でも多分あると思います。「銭箱《ぜにばこ》」っていう箱があるんです。施錠された箱ですが、首切りは八文、磔《はりつけ》は倍の十六文とって処刑を公開した。その金は「長吏」に下さる。その金をどこに使うかというと、お頭さんが管理して西国三十三カ所巡礼の路銀に当てた。これが幕末になってくると、一揆が多発し、取り締まりに追われ、お詣りができなくなるんです。そこでこの地にいても、朝晩お線香をあげることによって、西国巡礼と同じ功徳を頂くのだ。そのような願いから立てられたのが、この三十三番のお観音さんですね（乾武俊「被差別部落民衆の『いのち』観（2）長野・荒堀 夜をこめての鎮魂歌」『部落解放』三一七号）。

このルポルタージュによれば、西国へでかけることができなくなったのは、貧しさというよりは、荒堀のひとたちに押しつけられていた、百姓一揆《いっき》にたいする取り締まりや牢番などの仕事が忙しくなったからだ、という。西国への巡礼の欣求《ごんぐ》は、残酷な処刑を仕事にさせられていた心の痛みのためでもあったようだ。

だから、荒堀のひとたちにとって、地元につくった観音様は、きわめて切実な祈りのこめられたものだった。それさえ奪いとったのだから、藩の仕打ちはひどかった。一揆の取り締まりや見せしめの行刑をさせられることによって、「長吏職」は農民の怨嗟《えんさ》のまとになっていた。ところが、一八七一（明治四）年の「解放令」のあと、その仕事は失職した士族や村役人にとって代えられた。

村のひとたちの仕事は、行刑関係のほかに、革づくり、革細工、竹細工などの手仕事や、社寺や城門周辺の清掃、土木、馬子《まご》、車引きや船頭などの運送業と雑役だった。

差別戒名

北国街道は、さほど広い道ではない。川むこうとよばれていた、蛇堀川の橋を渡ったところで、市街地が切れる。先にたって歩いていた高橋さんは、「ここに三味線屋《しゃみせん》があったんです。昔は八尺以上の板塀《いたべい》に囲われた大きな屋敷があって、そこで大勢の草履《ぞうり》職人がはたらいていました。女衆もわら草履をつくっていました。村のひとたちの仕事は、土木、左官などが中心で、戦争中は、一時、ウサギ飼いがさかんだった。寒い大陸にいる関東軍がウサギの毛皮を必要にしていたんですね。いまのように、いろんな仕事がある時代ではなかったですからね」と説明した。

江戸時代の北国街道の様子について、『小諸部落誌』（小諸部落誌刊行委員会編、小諸市教育委員会）には、つぎのように書かれている。

北国街道が村の中を通っているので、人馬の往来も多かったが、飯時に馬をひいた馬子たちが、ここを通るとどこの家からも、お椀を叩く音がトントン鳴り響いて、その音に驚いて馬があばれだすというのである。なぜお椀を叩くのかというと、粟飯の細かい粒がお椀につくのでお椀の外側から叩くと、まとまってお椀の底に落ちるので、それを箸でたべるのだといわれていた。この話から、うかがえるものは、日常、ほとんど米は食べないで、粟のような雑穀ばかり食べていた貧しい農家の生活状態である。「菜飯」「大根飯」「いも飯」「おほうと」「おじや」などという言葉も残っているように、野菜などの混食が、毎日のまずしい食事であった。

北国街道沿いに歩いて、あるお寺の前にさしかかったとき、高橋さんは、つぎのような話をした。

「一八九四（明治二七）年七月、荒堀で葬式があった。ところが、全宗寺の坊さんがきてくれない。夏のことだから、死体は異臭を放つありさまで、ムラびとたちは困った。

その話を聞いた浄土宗光岳寺の勇海住職がやってきて、葬式をだしてくれた。ムラびとは、このお坊さんの行為に感激して、全宗寺の檀家《だんか》をやめて、ムラじゅうが光岳寺の檀家になることにした。すると、光岳寺の檀家のなかから、『世間のいやがる部落の人を檀家にするのは反対だ』との声があがった。これにたいして勇海さんは、『わたしの考えに反対の方は、光岳寺の檀家をやめてください』ときっぱりといった。この一言で反対意見は消えた。部落差別があたりまえとされていた時代に、すばらしい人権感覚の坊さんがいたものです。

部落の人は信心深いんです。寺にたくさん寄付をします。全宗寺はドル箱を捨てたようなものですね」

一九九八年五月、この光岳寺の境内に、地域内一二カ所の墓地にあった差別戒名が刻まれた墓石一一六基が移設、合祀《ごうし》されている。

差別戒名をみるのは、わたしにははじめてである。境内の一画に、小山のようにたちならべてある墓石をひとつひとつみていくと、「連寂」「僮僕」「僮婢」「奴」などがあり、削り取られたものもある。

小林大二『差別戒名の証言』(丸子町部落解放墓碑研究会)によれば、「連寂衆」とは、「商人・草履作り・箙《えびら》(矢を入れる器)作り・紘(弓の紘)作り・渡守・皮作り・筆結い(筆作り)・牧士(馬を飼う人)・傾城・癩者・博労《ばくろう》のこと」で、「三家ノ者」ともいわれていた、という。

「革男・革女」「草男・草女」「隷女」「畜男」などの「戒名」などもあったそうだが、人間あつかいしない差別意識が、墓石にまで刻まれ、死後にまでおよんでいる差別の凄《すさ》まじさを前にして、わたしは粛然とした気持ちにさせられていた。

江戸時代のことばかりではない。「昭和十三年」と刻まれている墓もある。差別戒名を住職からあたえられ、そのまま刻まなければならなかった家族の屈辱を想像するだけでも、強い憤りを感じさせられる。

「長吏」としての歴史と水平社運動

勤労奉仕と進駐軍

高橋孝昭《たかあき》さん（70）の父親は、小学五年生のときに、病気で他界した。四〇をすぎたばかりだった。アメリカとの戦争がはじまった、一九四一年のことである。靴職人だった。加増地区には靴職人が多かった。

小学校の思い出、といえば「勤労奉仕」だけである。日本軍による蘆溝橋《ろこうきょう》付近での攻撃がはじまった（日中戦争）ときが一年生、小学校高等科の卒業が敗戦の年だった。だから、五、六年生のころは勉強どころではない。「出征兵士の家」と木札が掛かっている家にいって、農作業を手伝っていた。

教師が日の丸の旗を担いで先頭を歩き、生徒たちが行列をつくって、そのあとに従う。

「夏なら、午前中はこの家で麦刈り、午後はこの家で、とやって、秋なら稲刈りでした」

高等科一、二年のころは、軍の物資をいれるというので、山へいって横穴を掘らされていた。学校は体力づくりが中心で、マラソンや相撲《すもう》ばかりやらされていた。兵士をつくるためだけの教育だった。

卒業するころ、「満州」の少年義勇兵の募集があった。が、教師は「お前はいかなくてもいい」と手を下げさせた。父親を亡くしていたもうひとりの子どもと一緒だった。

そのころは、ひとりでも多くの生徒を「満州」や少年義勇軍に送ると、教師の成績があがった。「お国のためにいけ、と担任の先生はいうこともできたのに、いかなくてもいい、といったのはえらかった」と高橋さんは教師に感謝している。彼は代用教員だったが、まもなく召集されて退職した。

「学校では、差別されたことはありませんか」とわたしは質問した。高橋さんは、戦争一色だったから、感じたことはなかった、と答えた。

進駐軍の出現

それよりも、高橋さんの記憶に鮮明だったのは、教室の壁に張られてあった世界地図が、いっせいに外されたことだった。地球儀もなくなっていた。それまでは、得意そうに語られていた日本軍を示す、日の丸の旗の進出が逆転して、どんどん退却するようになっていたからである。

養蚕《ようさん》がさかんな地域だった。ところが、桑の木が切り倒され、麦畑に変えられた。食糧が不足しはじめていた。高橋さんは学校をでてから、家にいて畑を耕していた。

敗戦の翌月、一九四五年九月のなかばになると、小諸《こもろ》にも米兵が姿をあらわすようになった。進駐軍は軽井沢《かるいざわ》の別荘を押さえていたのだが、周辺にでかけるようになっていた。「とって喰《く》われることもないから」とちかづいていくと、彼らは石鹸《せっけん》やアメリカ煙草《たばこ》の「ラッキーストライク」を、一〇円で売った。円をほしがっていたのだが、円の感覚がわからなかったので、投げ売りだった。それを買って売ると、二〇円にはなった。

そのころ、小諸の労働者の日給は、一日六円程度だった。ところが、「進駐軍要員」として米軍ではたらけば、二〇円だった。まだ、採用される年齢に達していなかったが、高橋さんは体が大きく頑健だったから、年をごまかすことができた。

ところが、進駐軍要員になったのはいいのだが、戦時下の教育だから、英語どころかローマ字さえ勉強してなかった。ＯＫさえ意味を知らなかった。まず通訳事務所にいって、説明してもらう。北軽井沢から南軽井沢のなんとかという米兵の家に灯油をはこぶ、というような説明を受け、ジープで出発する。

高級将校たちは、接収した別荘に住んでいた。それを日本の警官が警備していた。その家へいって草刈りをするとかの雑用もあった。二年ほどすると、兵隊たちはすくなくなった。

父親は病気ではたらけなかったが、高橋さんは、その間にお金をため、さらに借金をして、三重の抵当にはいっていた自宅を買いもどした。そのあと、土木工事の会社に就職して仕事を覚えた。独立したのは三八歳のとき。ブルドーザー一台買っての出発だった。それで道路工事の仕事を請け負うようになった。

居合免許皆伝の書き付け

高橋さんのお宅にうかがったのは、古い書き付けをみせていただくためである。戸棚から取りだしてくれたのは、長さ三メートルにもおよぶ巻紙だった。

古い家を壊したときに、竹行李《こうり》のなかの桐《きり》の箱に収まってでてきた、という。

「あけるな、といわれていて、うちのおふくろが嫁にきて、五〇年もあけてみたことがなかったそうです」

「霞真《かしん》流居合《いあい》相伝」。居合抜きの免許皆伝の書き付けである。高橋さんによれば、「長吏」だった先祖が、修行したあとに受領してきたものである。二年間修行にいった、とつたえられている。捕縛術や十手のつかいかた、身体図に赤く人間の急所もはいっている。

それとは別に、一八八一(明治一四)年に「惟善《いぜん》学校」に金子《きんす》を寄贈した際、県知事からの感謝状も残されている。善光寺へも寄進していた、というから、経済的にはかなり裕福だったことがわかる。

『小諸市誌』(歴史篇㈢近世史、小諸市教育委員会)には、「長吏」の仕事として、つぎのようなものが列記されている。

・牢屋の番人
・御仕置(処刑)
・犯罪者の探索
・与良町口板橋掃除
・見廻り
・村方祭場・催物等の監視
・祭りの太鼓持
・火消し

そのほか、犯罪人の護送、死人の取片づけ、牢舎人《ろうしゃにん》の世話など。「部落の生業は、零細農で皮革細工、草履《ぞうり》などわら細工が中心であった」とある。

「町口橋掃除」とは、城下との境になっていた蛇堀橋のことで、ここには木戸口があって、出入りの際には改めがなされていた。掃除は社寺や城門などでおこなわれていた。

「わずかなひとたちは暮らしがいいが、そのほかのひとたちは、神社の祭礼などで生活しているだけでは、生活が苦しい。長吏職にもどしてほしい、との嘆願書がだされたこともあるようです」と高橋さんが言葉をつづけた。

長吏は、日常活動の場を全国各藩の大名に従属して、大名の直接支配を受けていた。平素の指揮は藩の治安担当者がおこなっていたが、その職務を遂行するにあたっては、長吏頭がこれを指揮していたのである。小諸藩の場合、長吏頭は高橋弥右衛門と称し代々の世襲にて本拠地を加増村におき、苗字帯刀を許されていた。通称〝お頭様《かしらさま》〟とよばれた。彼の配下には長吏頭を補佐する側近が数名おり、さらに業務を遂行する職制がおかれた。これらは〝見廻り組〟とか〝御牢番〟とよばれて、〝大組〟と〝小組〟という編成をされて各組には、組頭という責任者がいて、それぞれに仕事の分担があって二十四時間常時職務の遂行ができる〝組織〟がつくられていた（前出『小諸部落誌』）。

おそらく、「長吏」職のひとたちは、剣術の稽古《けいこ》に切磋琢磨《せっさたくま》していたのであろう。その成果が、高橋さんのお宅に遺されていた、三メートルにもおよぶ免許皆伝の目録だったのだ。

「お長吏様」から「穢多取締令」へ

江戸時代の初期には、「お長吏様」とよばれて、小諸城下や北国街道、中山道などの道路に沿った、宿場や農村を巡回しては、治安維持に貢献していた。

その代わりに、夫役《ぶやく》（お伝馬《てんま》）と地租は免除された、という。といって、職業にたいする藩の保障は捨て扶持《ふち》というものであって、不足分は農民に負担させた。「一把稲《いちわいね》」という慣行である。

これは巡視にたいする反対給付とでもいうものである。「長吏」の日頃の治安維持活動によって、盗賊の被害にあうことはない。そのために「旦那場《だんなば》」（廻《まわ》り場《ば》）の農民が、一把の稲を供出していた。これは領主にだした年貢のなかからではなく、別個に直接徴収された。豊作にも凶作にも関係のない、定額の徴収だったので、農民の不満が強まるようになった。農民と「長吏」の対立が促進された。

『小諸市誌』によれば、一種の縄張りともいえる、「廻り場」をもっているのは、部落の三割ほどの家で、本家筋に限られていた。この権利は子孫につたえられたが、売買もされた。

もうひとつの権利が、斃牛馬《へいぎゅうば》の屍体《したい》処理であり、皮革や革製品の生産だった。権利と賤業《せんぎょう》が同時にあたえられていた。その後、領主の苛斂誅求《かれんちゅうきゅう》が強まり、百姓一揆が多発するようになると、それを取り締まる「長吏」の仕事も多事にわたり、「反発から憎悪に変わった」（『小諸部落誌』）。

小諸藩での「穢多《えた》取締令」は、一七三八（元文三）年である。これまで領民の弾圧につかっていた「長吏」たちにたいして、その「憎悪」を根拠に、こんどは一転して「身分賤しき者たるべき脇前もせず、分不相応な態度で立ち振舞いをしたることは不届至極である」と分断と差別の徹底に変わる。「これまで通りのお長吏様ではなく、身分は最も賤しい者であり差別をすることにおとがめなし」と触れまわり、「長吏どもが反抗する時は処罰をするから、かような場合、村役人に申告をすべきこと」と弾圧の方針をあきらかにした（前出『小諸部落誌』）。

「穢多取締令」が、小諸藩ではどのように実施されたかについては、『小諸市誌』に紹介されている。こんにちまで尾を引く差別政策の酷薄さの資料として貴重なので、引用する。

○御武家《おぶけ》はもちろん、百姓町人にたいして無礼《ぶれい》がないように丁寧《ていねい》にし、普通の人の家の中へ入ってはいけない。

○御城下町、近在《きんざい》の村々での押売《おしうり》は禁止する。酒売茶屋《さけうりちゃや》などでもみだりに我侭《わがまま》な振舞《ふるま》いをしてはいけない。

○御城内へ草履《ぞうり》売りに出るときは、家の表口の敷居《しきい》より中へ入ってはいけない。

○近在の村々で我侭《わがまま》に振舞《ふるま》ってはいけない。また女どもが夏秋の農繁期《のうはんき》に針を売り歩き迷惑をかけてはいけない。

○お祭りや村芝居等を見廻《みまわ》る時も、普通の人に紛《まぎ》れこみ見物《けんぶつ》するような我侭勝手《わがままかって》はいけない。取締《とりし》まりも頭役《かしらやく》に断《ことわ》り、身分を隠《かく》さないで出かけ、普通の人に不快な感じを与えないように気をつけなければいけない。

○祇園市《ぎおんいち》などに出向いて、喧嘩口論《けんかこうろん》、飲酒などにていさかいを起《おこ》すことは絶対に慎《つつ》しむこと。
○三宿（追分、沓掛、軽井沢の歓楽街《かんらくがい》）などで特に我侭《わがまま》な行いがあると聞くが、御影領《みかげりょう》でもあり面倒《めんどう》なことを起こすと小諸藩としても大変迷惑である。決してみだりなことを引き起こしてはならない。（以下略）

百姓、町人の家へ上がるな、家の表口の敷居の中に入るな（軒下に居ろ）との禁止は、「エタ」は穢《けが》れているから、穢れをうつすな、との意味がかくされている。

朝倉重吉と長野県水平社

小諸で長野県水平社の創立大会がひらかれたのは、一九二四（大正一三）年四月二三日だった。京都での全国水平社創立大会の二年あとである。

これは小諸を中心に行商しながら、被差別部落の青年に結成を訴えつづけた朝倉重吉《あさくらじゅうきち》の活動の成果だった。当時の小諸地区は、融和運動の「信濃同仁会」に組織されていた。有力者のほとんどが、同仁会員だった。だから、水平社への加盟を唱える朝倉は、完全に孤立していた。同級生たちが朝倉をささえ、村の同仁会員たちを説得した。

朝倉の出身地である加増地区荒堀の有力者・高橋滝司は、最後まで反対していたひとりだったが、長野県水平社創立大会の議長を引き受けた。

高橋孝昭さんの父親の右忠太《うちゅうた》さんが死亡したのは、一九四一年だった。このとき朝倉重吉が枕元に駆けつけた。彼は顔にかかっていた白い被《おお》いをとって、「きみはおれがいちばん苦労のときに、おれを助けてくれた」と語りかけ、ハラハラと落涙した。有力者の壁が厚く、孤立していた状況のなかで、朝倉をささえてくれた友情を感謝したひとことだった。もうひとりの同級生である、高橋左忠太という人物も、やはり協力者だった、という。

朝倉重吉は、「部落民の解放は、部落民自身の行動によりて成就すべきもの」と主張していた。それは「労働者の解放は、労働者自身の手で」との第一インターナショナルの精神だが、日本的にいえば、大杉栄《おおすぎさかえ》のアナキズムの影響だった（宮崎晃『差別とアナキズム』一九五〇年九月。一九七五年復刻）。

水平社運動には、大杉や岩佐作太郎《いわさきくたろう》らアナキストたちがかかわっていたが、長野の運動の中心人物だった朝倉も、その影響を受けたひとりだった。彼は部落解放全国委員会長野県連の初代委員長となるのだが、『差別とアナキズム』には、つぎのように記載されている。

長野県の水平運動からみると、朝倉氏の存在というものは、一朝一夕では無くなるようなものではなく、逆に、北佐久の川西地区では、絶大な支持を得ており、戦後までも連絡があったようです。とくに、望月町の高橋伝右衛門氏などは、強力な支持者であったようです。

朝倉は農民運動をも指導するようになる。長野県水平社の発足当時、小諸高女の生徒だった高橋くら子も演説している。部落の女性として、県内ではじめての女学校入学者だった。朝倉とおなじ部落の出身者だった。

高橋くら子は、婦人水平社の一員として活躍、「農村婦人問題」などで、朝倉とともに講演に歩いている。活躍が期待されていたが、一九三七年に三一歳の若さで他界している。高橋俊雄・小諸市協書記長に案内していただいたのだが、住宅地のせまった、ちいさな墓地にその墓があった。

高橋孝昭さんの父親の右忠太さんは、たいがい浅草《あさくさ》の靴屋で職人としてはたらいていて、小諸の家にかえるのは、年になん回かのものでしかなかった。病没したのは、まだ四〇をすぎたばかりだった。元気でいれば、朝倉の水平社運動をささえていたはずだ。

孝昭さんは、努力のすえに会社を経営するようになった。従業員の半数以上は、部落外からきている。差別について質問すると、彼はこう答えた。

「同和地区だからといって、つきあわないようなひとは、なんの相談相手にもならないひとです。追っかけてまでつきあってもしょうがない。子どもにもそういっています。わたしが同和地区の出身であるのを承知で、きょうだい以上の友だちつきあいしているひとも大勢います。友だちは、困ったときに、おいどうしたらいいんだ、となんでもいえるような友だちでないとね」

反骨と苦悩の歴史のなかから

反骨のムラ

江戸を中心にして、放射状に延びている五街道とは、東海道、中山道、日光道中、奥州道中、そして甲州道中である。

このうち、上州(群馬)から信濃《しなの》(長野)へと山国を通り抜け、美濃《みの》(岐阜)平野へと降りていく中山道は、軽井沢、沓掛《くつかけ》、追分《おいわけ》などの集落を過ぎたあと、追分の「分去《わかさ》れ」で、二股《ふたまた》に分かれる。左は中山道だが、右にすすむと小諸に逸《そ》れ、そこから一挙に北上して日本海に到達する。北国脇往還、北国街道である。「加賀街道」とよばれたりするのは、加賀前田藩主の江戸参勤に利用されるようになったからである。

この道を通って、日本海の海産物であるサケ、タラ、ブリなどが、海のない信濃の山村にももたらされ、正月の食卓をにぎわせた。塩の道でもあり、塩で処理された干物としての四十物《あいもの》がはこばれる街道でもあった。

北国街道は、浅間山にむかって登っていくゆるやかな勾配を、針で縫うように細く北へ延びている。いまでも鄙《ひな》びた淋《さび》しげな道で、その街道の両側に寄り添うようにして屋根を並べているのが、小諸の町である。

小諸は坂の中腹に張りつけられたような町である。道の下に、蛇行して流れる千曲川が光ってみえる。そのほとりの松林の間にみえだすのが、小諸藩主の天守閣の甍《いらか》である。

城下には蛇堀川を渡ってはいるのだが、その手前にある荒堀地区が、島崎藤村《とうそん》の『破戒《はかい》』に、丑《うし》松《まつ》の出身地として描かれている、「向町《むかいまち》」である。

市街地に住んで、牢番や城門の清掃などに従事させられていたひとたちが、都市の開発のために川向こうの現在地に移住させられて、その名になった。城下にむかう北国街道は、部落のまん中を通っていて、参勤交代の行列が、低い軒先を擦れるようにして通り抜けていった。部落のひとたちの不屈な反抗心について、『小諸部落誌』はつぎのようにつたえている。

江戸にむかう加賀侯の参勤交代の行列が部落のなかにはいってきた。と、一軒のあばらやからモウモウと煙がたちのぼっていた。

加賀侯を出迎えるため、道端にでていた小諸藩の家臣たちは、顔色を変えてその家に踏み込んだ。と、主の与左衛門が炉端《ろばた》に胡座《あぐら》をかいてすわっていた。みると生の杉葉をくべて飯を炊いているのだった。血気にはやる侍たちがまわりを取りかこんだ。刀の柄《つか》に手をかけているものもいた。が、与左衛門はすこしもあわてず、胡座をかいたまま、片手に火箸《ひばし》をもち、もう一方の手で悠然と杉葉をくべつづけながら、侍たちには一瞥《いちべつ》もあたえず、キリッとした声でいい放った。

「ビッポウ通るたって、コメを生で食えるか」

侍たちは、その気迫に抑《お》されたように、言葉もなく突っ立ったままだった。ビッポウとは、加賀侯のあだ名だった。

おなじような反骨について、荒堀の高橋国松さんは、つぎのように証言している。荒堀に「トメ屋」という屋号の家があったそうだが、その由来である。

ある年、加賀の殿さまが参勤交代で北国街道をあがって来なすった。この加増もお通りになる。あの行列は決して止まらないんだそうな。お泊りの時は別だが、止まるようなことがあってはいかんのだ。腕に自信のある豪気な八人衆は日頃のうっぷんもあいまって、ケツをまげていたんだな。行列を止めてやれということになった。山から油の強い松葉を沢山取ってきて和志夫さんの家のまえで積み上げ、さあ行列が部落に入ってきたところで火をつけて、さかんにいぶしたてた。行列の道中、警護は固くあらねばならん。火をたくことなんか、ぜったいに許されぬことだった。ところがどうだね、いぶるわ、いぶるわ、煙にまかれてとうとう行列も止まらざるを得んようになった。それでトメ屋というんだそうな。なかなか勇気のある叛旗をひるがえしたもんだな。意気地無しではできんこった（柴田道子『被差別部落の伝承と生活』三一書房）。

ここに登場する「八人衆」は、免許皆伝の腕自慢、とつたえられているから、「長吏」の修行を積んだひとたちだったのであろう。このふたつのエピソードには、権力者たちを笑いのめす強烈な精神があらわれている。なお、国松さんの話に、蛇堀橋の城下側に、東南の門としての砦《とりで》があった、というから、部落が警護につかわれていた、と考えられる。

北国街道に面して、部落の中央の道路端にデモンストレーション用の太鼓を置いた「太鼓屋」がある。明治の半ば、この家での葬儀に僧侶《そうりょ》がやってこなかった差別事件があった。それを契機に、部落のひとたちが曹洞宗全宗寺を離檀して、すこし遠方にある浄土宗光岳寺に檀家《だんか》換え、との歴史については先に紹介した。

歴史がひとつの地域にキチンと刻まれているのは、それらの家が残っているということばかりではなく、差別とそれにたいする抵抗が、ひとびとのこころに深く刻まれているからである。

千曲川の沿岸にある小諸城は、浅間山麓の北国街道をゆく旅人の目に、さらされていた。城を拡張、整備した仙石秀久は、道沿いに街並みをつくって視界を遮断することにし、一五九七年、市街地で牢番をしていた「長吏」たちを荒堀に移転させた。これが荒堀のはじまりである。

「はじめは、三軒の集落だった、といわれていますね。それが六軒となり、一二軒となった。うちはその一二軒の一軒だった、と聞いています。一二軒が屋敷神様をつくったから、探せばここには屋敷神様があるんだそうです」

「あさま食堂」

北国街道はカーブや起伏の多い道である。小諸の町にむかう道、坂の上にあるのが、「あさま食堂」である。ラーメンや餃子《ぎょうざ》定食などをだしている、ちいさな中華料理店である。

ご主人の諸山《もろやま》善明さん(52)は、中学校を卒業すると、東京・新宿の大きな大衆食堂に就職した。はたらいていた母親の代わりに、食事の支度をしていたから、ご飯をつくるのは好きだった。

上野駅へバス二台で着いた。集団就職である。この食堂には、小諸の中学生が三人採用された。地下一階から四階までの食堂ビルだった。はじめは飯炊きで、大きな鉄釜《てつがま》で米を炊いた。そのあとの、ラーメンづくりも流れ作業方式で、くる日もくる日も、麺をあげるだけが仕事だった。

これでは仕事を覚えられない、との不満があったが、それでも三年もつとめていた、というから、辛抱強い性格のようだ。朝一〇時から夜九時まで、一〇〇人ほどがはたらいていた。

そのころ、東京オリンピックで、マラソンコースになっていた甲州街道を、エチオピアのアベベ選手が苦しそうに走っていくのをみた。ちょうど、休みの日だった。

一日中、キャベツを刻むとかの流れ仕事、これでは田舎《いなか》へもどっても仕事にならない、将来にたいする不安が強まっていた。このとき、日本橋浜町の生駒軒（経営者は長野県小布施町《おぶせまち》出身）を紹介された。それで新宿の店をやめ、生駒軒にうつった。

そこで三年はたらいていたころ、小諸で食堂をやっていた叔父さんが、店をたたむといいだしたので、そのあとを引き継ぐことにした。といっても、酒飲み客との対応がむずかしいので、食堂ではなくて、ラーメン、餃子、丼《どんぶり》ものを、母親とふたりで商うことにした。

こうして、二一歳で経営者になった。二四歳で結婚、それからは夫婦ではたらいてきた。三〇歳すぎてから、解放運動にかかわるようになった。

「それから意識が変わるようになりました」と諸山さんは控え目にいった。いま、部落解放同盟小諸市協議会の副会長をつとめている。

わたしたちは、隣保館でおこなわれている「解放学習」を見学した。小諸には「同和教育推進教員」が、一〇人ほど配置されている。四時から低学年の小学生がやってくる。中学生は六時から。荒堀地区で登録している生徒は、小中学生で五一人、およそ半分の生徒たちがきていた。中学生の学習をのぞいてみると、狭山事件がテーマにされていた。

小諸駅のちかくで、スナックを経営している早川寛子さんも集団就職組だった。中学校を卒業してすぐ、東京・文京区の製本屋にはいった。紡績工場を受験したのだが、どうしたことか、採用されなかった。一九五〇年代後半、そのころ文京区にあった製本屋のいくつかを、わたしはよく知っている。労働条件が劣悪で、労働組合がつくられ、ストライキがあったので、応援にいったことがある。彼女が就職したのは、「押し屋」と呼ばれる、金箔《きんぱく》を表紙などに押しつける仕事だった。月給は五〇〇〇円。

そのあと、神奈川出身の父親の縁故を頼って、川崎のステレオの部品工場につとめた。工場の規模は製本屋とは天地の差だった。が、両方ともに、若年の女性労働力に依存していた産業である。おそらく、彼女も単調なコンベア労働に嫌気がさしていたはずだ。わたしが川崎で会った電機工場の女性労働者たちは、「人間相手の仕事をしたい」といっていた。

一八歳で水商売に転業、二〇歳で結婚した。夫は板前だったが、死別した。五歳と二歳の男の子ふたりをつれて、故郷へ帰ってきた。

「もどれる場所があってよかった」と、彼女はホッとしたようにいった。五〇代後半、ひとりの女性の半生記だが、苦難の時代がよく映しだされている。

「同和地区の問題は、結婚問題ですね。姪の結婚もだめになりました」

苦悩がこもる「夜明かし念仏」

荒堀にいまでもつたえられている「夜明かし念仏」は、差別と切り離して考えられないようだ。わたしは、宗教にまったく無知なものだが、高橋義雄さん（86）と高橋憲一さん（70）のおふたりが、念仏踊りについて語る口調にこめられている敬虔《けいけん》な感情に、先祖の苦悩が深く反映しているように感じられた。

念仏踊りは、鎌倉時代の一遍上人《いっぺんしょうにん》によってはじめられ、念仏往生欣求《おうじょうごんぐ》に生きようとする、江戸時代の庶民のあいだにひろく流布された踊躍《ゆやく》（歓びの表現）だった。その後、時代とともに廃《すた》れたのだが、荒堀ではいまでこそ、新年とお盆、それに春秋の彼岸、一二月との年五回となったが、かつては毎月おこなわれていた大事な行事である。

部落解放同盟加増支部が、一九七八年に発行した「荒堀夜明かし念仏の由来と保存について」との文書には、つぎのように書かれている。

荒堀は県下最大の被差別部落で、その祖は徳川幕府成立前に存在していた。江戸時代に入ると、「長吏職」として代々権力機構の末端をにない、支配者の命令により民衆抑圧の任務を強制されたのである。

彼等の多くは善良な人々の集団で、命令により人命を奪い、人身を傷つける残酷な刑罰をおこなったが、本来その刑罰の是非については、彼等自身に何等の恨根はなかったのである。しかし、民衆の激しい憎悪を身に集中される時、彼等は激しい良心の呵責に責められねばならなかった。処刑人は、四季を問わず素足早駆けの善光寺詣りをして、その罪業を詫び、仏になった犯罪人の冥福を祈ったという伝承があるが、真偽のほどはわからない。

元文三年（一七三八）、小諸藩では「長吏取締令」をだし、差別政策の強化をだすが、民衆に対しても同様の抑圧政策を打ちだした。

この時期から、言語を絶する差別状況が彼等を圧迫するが、任務の命令は一段と厳しくなってきた。その残忍残酷な宿命からの逃避は絶対的に不可能だったので、その願望は信仰に帰依する以外に救いの道はなかったという。

仏法による死後の世界で、この職業に従事した者が落ちる地獄の世界に、「食火炭餓鬼道」というものがある。そこに落ちて火炎の炭火を常食として苦しまねばならないことを彼等は信じていた。だから、生地獄にあって、なおも死後の世界で地獄に落ちることの恐怖感は、人間として最も畏怖する心理状況になる。それと、明治維新後の新たな差別政策がふたたび圧迫として彼等を苦しめてきた。

その悲惨な差別状態からの脱出はならず、ひたすら忍耐をすることと、信仰をする以外にその道はなかったのである。その期間は大正末期の水平社創立まで待たなければならなかった。そして、その時すざましい爆発的な怒りが水平社に結集してきたのである。

薬師堂の内部に、本尊の薬師如来とむかい合うようにして、九尺四方の吹き抜け屋形の「道場」が設《しつら》えられる。屋形の上には、花模様の赤い幕が張られ、まわりを取り巻く細い青竹の腰垣に、葉をつけた椿《つばき》の枝や桜、牡丹《ぼたん》の造花が飾られ、そのなかに、念仏をつとめる一二人の古老たちが坐る。

道場の正面には、胴長の鋲《びょう》打ち太鼓が二台、横にならべて台に乗せられてある。導師ふたりが、念仏を唱えて太鼓をたたくと、講中は全員、わらび型の木台に吊《つ》った鉦《かね》をたたきながら、和讃《わさん》を唱える。

そのあとひとびとは、「尻振り踊り」ともいわれる、独特の足さばきで、太鼓のまわりを練り歩く。

「弥陀《みだ》を念ずる供《とも》がらあり、あま夜の星の如くなり、空は晴れねど西にいく、なにわの里もあしからず、天には大師の御楽に、地には諸仏のようごう志、中に紫雲たなびきて、たいまの来光なされ給う」

子どもたちは、太鼓や鉦のひびきにあわせて、大数珠を上下に揺すりながら順繰りにまわして、和讃を唱える。

そのあと、一堂に会した全員にたいして、酒、肴《さかな》、果物、菓子が配られ、豆腐汁が振るまわれる。遠く県外に住むひとたちも、このときには帰省しているので、老若男女が和気あいあいと語り合う光景がみられる、という。

念仏踊りについて語る、高橋義雄さんと憲一さんの口調は、敬虔であると同時に、いかにも楽しそうだった。『荒堀地区の民俗と生活』(長野県同和教育推進協議会)には、つぎのように書かれている。

自分の意に反しても処刑しなければならない。そして、(被処刑者からの＝引用者) 捨てぜりふを残される。しかし、この仏を供養してやらねば気がすまない。「善光寺へのはだしまいり」は部落の人びとのつらく、また、やさしい気持ちのあらわれでもある。

差別され抑圧された荒堀の人びとが、どんな人に対してもやさしく接していく心や人情は、今も生きつづけ、「荒堀に来る人は乞食でも大事にした」ということである。来る人に対し、どんな人びとにもやさしく親切に接していくということは、本当に自分が悲しいめにあって、その中で生き抜いてきた人びとがもてる人間の最も大事な宝と言えるであろう。

義雄さんは、頑固一徹な職人、といったような風貌《ふうぼう》をしている。七五歳まで靴職人としてはたらいていた、という。一五歳のときに、市内の靴屋に奉公にはいった。甲皮に底をつける仕事からはじめて、五年で年季明け、それから七五歳までおなじ店につとめていた。一〇年前まで手縫いの靴をつくりつづけてきた。

荒堀でも、もう手縫いの靴をつくれるひとはいない、という。矍鑠《かくしゃく》としていて、眼光鋭い。妥協も迎合もなく、靴一筋に生きてきたのがわかる。

「どこかにいこうとは、思わなかったんですか」とわたしは聞いた。

「わたしのうちは、小作ではあるけれども、いくらか畑や田んぼがあったんで、町へはでられなかった」と義雄さんは答えた。一足つくっていくら、という歩合だった。腕がたつから、おかねは稼いだ。経営者の息子が、大学にはいったとき、その支度のために、義雄さんからおかねを借りるほどだった。

戦後の農地解放前に、農業会からおかねを借りて自作農になった。それは小作農家の悲願といえるものだった。そんな努力をしなくとも、戦後になって農地解放されることになるのだが、いかにものごとをキチンとする、努力家らしいエピソードである。

憲一さんの祖父や叔父さん、それに弟さんも靴屋になった。彼の父親はクラスでの成績はいちばんだったが、級長にされなかった、という。

「父はいつも、教師が級長にしてくれなかった、悔しかった、といってました」と憲一さんも残念そうだった。父親は、のちに機屋《はたや》（織物工場）をはじめる。そのころ、靴を履いていたのは、学校の先生、銀行員、鉄道員、巡査ぐらいだった。

それからわたしたちは、薬師堂のひんやりとした広間で、しばらくのあいだ、靴をめぐるおしゃべりをした。戦後は靴どろぼうが横行《おうこう》していた。旅館ではさいきんまで客の品定めのために足元をみていた。東北からきた出稼ぎ労働者たちが、故郷に帰るときには、新調の革靴を履いて錦《にしき》を飾ったなど、あれやこれや雑談に花を咲かせていたのだった。それらは、わたしのよく知っている時代でもあった。

（『部落解放』二〇〇〇年一一月・四七七号、二〇〇一年二月・四八一号、五月・四八六号をもとに加筆修正）

福岡県糸島の被差別部落を歩く

戦後の生活と解放運動

叺つくり

「小学校の二、三年のころから、叺《かます》つくりを手伝いよった。四年生のとき、戦争が終わって、急に叺の生産が伸びたんですね。じつはわたしは、叺で学校にいけたようなもんです。すぐそこの小学校で、製筵《せいえん》の競技大会がひらかれていました。いつも優勝するのは、一〇〇パーセント部落のひとたちで、たいがい親戚《しんせき》同士が順番を争っていました」

福岡県糸島《いとしま》地区「ムラの文化研究会」の森友《もりとも》義仁会長（66）の話である。

筵《むしろ》を織ってつくられた叺は、馬車に積んで農協にはこばれ、検査をうけてから売り渡される。ある日、母親がなかにおかねを隠していた叺を農協にだしてしまって、大騒ぎになったことがあった。当時のおかねで八〇〇円、叺を農協に出荷した分の全額だったといって、母親がしきりに悔やんでいたのを、森友さんは記憶している。

結局、倉庫に積み上げていた叺を全部ひっくりかえして、母親の虎《とら》の子《こ》は発見され、無事回収された。その「八〇〇円」という金額が、農作業のあとの夜なべ仕事で稼ぎだした、労苦の対価をあらわしていた。叺を一枚織って、三〇円から四〇円たらずだったように、森友さんは覚えている。

祖父や祖母が土間で縄を綯《な》い、若いものがカタンカタンと製筵機を足で踏んで織る。織った筵を天日に当ててこすると、やわらかな藁《わら》がきれいに落ちる。それを五寸釘大の針で縫い上げていく。十枚重ねて出荷していた。やがて全自動の織り機がはいってきて、一晩に一五枚などという数字になった。

糸島郡が供出するコメをいれた俵のおよそ八〇パーセントは、被差別部落でつくられていたのでは、と森友さんは推測している。俵や叺はいわば部落産業だった。地域のなかをあるくと、シャーシャーと製筵機が藁を織る音がしていた。「景気がいい音だった」とは森友さんの表現である。それぞれの家々に製筵機がはいっていた。

森友さんが高校に進学できたのは、この叺の需要があったからだ。叺こそ打ち出の小槌《こづち》のような現金収入のもとだった。それでも森友さんは高校進学をあきらめて、受験のための補習授業をうけていなかった。

親友が一緒に高校へ進学しようといってくれて、それで急遽《きゅうきょ》、定時制の農業高校に進学することにした。補習授業にいかないで受験に成功したので、教師からカンニングではいったんだろうといわれた。

森友さんは、小学校四年のころから、ぼちぼち学校へいかなくなり、六年の夏ごろからは完全にいかなくなっていた。父親が寝込んでいたので、夕食の支度や筵を打つための藁の準備をしなくてはならなかった。

学校へいくと、宿題をだされて、家での勉強をしなければならない。だから、学校にいかないほうが楽だった。それに麦がたくさんはいった弁当をもっていくのがつらかった。夏、麦飯は腐りやすかった。

よその集落へいくと、自分たちのムラとはずいぶんちがうな、とよく思わされた。まず家のたたずまいがちがっていた。よそには門構えの家があったし、なによりも道路の幅がちがっていた。道からの軒のたかさがちがう。自分たちの部落では、稲藁をたかく積んだ牛車が道をいくと、稲藁が軒をかすった。

藁は、草履《ぞうり》、草鞋《わらじ》、ちょっとひっかける「足なか」をつくるための貴重な原料だった。「足なか」

は「足半」で、踵《かかと》のない、みじかい草履のことである。

たしかに、戦後の農地解放によって、小作人たちは土地をわけあたえられた。しかし、コメの供出が義務づけられていたし、国から借りた「自作農創設資金」の返済もあって、生活は苦しかった。とはいっても、それは全国の小作人に共通していた生活難だったはずだ。そのどこがちがうのか、との疑問をわたしはもった。

森友さんの部落では、いままで小作していた田んぼをわけてもらった。が、その田んぼは水はけの悪い深田で、田植えのときに牛がはいらないので、手で起こすしかなかったところだった。秋になって収穫のときには、稲を一把刈るたびごとに田んぼから畦《あぜ》にむかって稲束を放り投げなければならない。というように、もっとも条件の悪い田んぼが、被差別部落に払い下げられたのだった。

後年になって、森友さんが、瑞梅寺《ずいばいじ》川沿岸の被差別部落を対象に聞き書きをしたところ、洪水が起こるたびに、土手が崩れて被害をうける歴史があった。勢いづいた水が、土手を越えていくようにわざと低くしたところに、被差別部落があった。

このあたりでは、「馬草場《まくさば》」権といわれている農民の権利があったが、被差別部落には、それがなかった。それに水利権にもかなりの制限があった。馬草場権とは、山から茅《かや》や雑草を刈ってきて、堆積する。やがて発酵したのを田んぼにまく。有機肥料である。そのための権利である。

叺の衰退で土木作業に

「叺打ちのことなら、寺田さんとこできいてみましょう」と森友さんは、わたしたちを寺田国雄さんのお宅に案内してくださった。寺田さんは、一九一五年生まれ、というから八七歳、部落解放同盟糸島地区協議会の委員長もつとめた、この地域の解放運動の先達《せんだつ》である。

「昔、叺打ちよったろうが。聞きたかったけん、あの当時で、一枚、いくらぐらいしよったかいな」と森友さんが、あいさつもそこそこにいきなり切りだした。寺田さんはちょっと考えて、「四〇円だったね」。戦後まもなくのころである。「兵隊から帰ってきてまもなくやったから」。

一九四六年、寺田さんは三〇歳で、戦争から帰ってきた。そのころは、人力で藁を差して織る、米倉式という機械だった。一日、一五、六枚程度だった。

そのあと、全自動の機械がはいってきた。藁の束を根もとでそろえて台に載せてやる。その根っこを機械が噛《か》んで、シャシャ、シャシャシャと自分で織っていく。朝から一日がかりで、最高で一〇〇枚も織れるようになった。

ところが、技術が急速にすすんで、ビニール製の「樹脂袋《じゅしたい》」が出まわるようになった。五五、五六年ころのことだった。ちょうど森友さんが高校にはいったころだ。

「これで叺生産がバタバタと潰えてしもうて、あとはもう土木作業だけ。みな土方仕事にでていくようになってしもうた」と森友さんがいうと、寺田さんが思いだしたようにいった。

「あのころは、わたしは叺組合の組合長やった。地元の組合長や郡の副委員長もやっておった。糸島地区の指導的な立場で、機械の調子とかの指導にまわっていた。助成金などももろうて、活発やった」

時代は急速に進展している、だから叺のような藁工業製品というのは、いずれ時間の問題だ、というひともいないではなかった。叺の需要もこれからは麻袋にとって替わられたり、あるいは紙袋になってしまったりするかもしれない、というのを前提において叺生産というのを考えなければ、といわれたりした。

が、どうにもならなかった。零細な耕作地の農業では生活がなりたたなかった。だから、叺の収入がつづくかぎりは、叺でがんばりたいと願っていたからだった。

いったい、どのくらいのひとたちが叺を生産していたのか。寺田さんと森友さんはこのあたりの被差別部落を指折り数えていた。二〇地区の三〇〇戸、そのうちの九割は生産していた、という結論になった。

政府にだす供出米にたいして、農民に支払われる代金に、容器代としての叺代金が上乗せされていた。これは糸島からでた中村代議士が、政府に要求して叺代金を認めさせた成果だった。それで、中村議員は「叺代議士」の尊称を奉《たてまつ》られた。

つくられた叺は、地域の農協の倉庫にはこばれ、そこから郡の農協に納入された。手数料は農協にはいった。平均五反ほどの田んぼをつくり、副業としての叺の収入があった。被差別部落としては、恵まれていた。とはいえ、それでも生活は苦しく、肥料代、農薬代をひかれると、手許に残るものはない。また農協から生活資金を借りる、という状態だった。

それに、条件の悪い田んぼだったから、一反歩で六俵ほどしか穫《と》れず、生活をささえきれないため、せっかくの田んぼを手放すひとたちがではじめた。

忘れられない差別の言葉

「話の尽きんごと、昔から今日《こんにち》までの、過去の歴史というのは、忘れることでけんな」と寺田さんは、居間においたベッドの縁に背をもたせながらいった。叺つくりから農業の困難まで、忘れられないできごとを思いだしながら、寺田さんの話は軍隊時代にまでおよんだ。

一九三六年に召集され、佐世保の海軍に入隊していた。四一年までは、戦艦霧島に搭乗して、上海、台湾、青島など中国各地をまわっていた。青島に駐留していたときに太平洋戦争がはじまった。巡洋艦の那智《なち》、空母の飛龍、最後は駆潜艇に乗船、ラバウルに上陸した。

ラバウルでは、陸戦隊が組織され、寺田さんは六〇人の小隊長として、南崎砲台を死守する任務についていた。この島は日米両軍の激戦地だった。いまなお零戦《ゼロせん》の残骸《ざんがい》が遺されたりしているのを、わたしも見ている。

毎日、防空壕《ぼうくうごう》掘りの労働があり、空襲の警戒警報があった。椰子《やし》の木を切って、落盤を防ぐ支柱にしていた。南太平洋の島々の戦争では、大量の日本兵が死亡したが、それ以上に戦争に巻き込まれた住民の悲惨さは想像を絶する。それでも、ラバウルには、旧日本兵について、なつかしそうにいうひとたちもいる。その心情はわたしなどには窺《うかが》い知ることのできないものだが、寺田さんはその日本兵の生き残りだった。

寺田さんは、面長の立派な顔立ちをしていて、ときおり歴戦の強者《つわもの》といったような表情をみせる。それでいて、どこか海軍的なダンディーさがある。南の島から、故郷に無事に帰還したのは、一九四六年五月になってからだった。

子どものころ、どういう苦労がありましたか、とわたしは聞いた。

「あのころは、『足なか』を自分の家でつくっていた。子どものころから、兄貴たちを師匠にして、草鞋をつくったり、縄を綯ったり、どこもおなじような生活ぶりだった。『指導演習』といってな、福岡二四連隊が演習しよった。それを子どもながら見習って、集団で学校から帰るときに、散開して兵隊ゴッコの真似しておった。そのときにな、先輩になる子どもたちが、『アイチ　クーチョンカイチロウ』と遊び言葉のようにおらびながら、直接わたしにいうたのではないが、それを叫びながら、学校から帰るわけですたい」

はじめ、寺田さんは子どもの世界の差別についてはいいたがらなかった。しかし、「アイチクーチョン　カイチロウ」という、おまじないのような叫びを思いだしたように、いったのだった。

それはなんですか、とわたしは尋ねた。

「わたしも、なんだろうと思って、わからんかった。部落問題を知るようになって、子どものころ遊びでいわれたことは、なんだったろうかと同志と研究して、ようやくわかるようになったとです」

仮名文字で、「ア一《イチ》」（ヱ）「ク、（クーチョン）」（タ）「カ一《イチ》」（五）「ロー」と書いてみると、「ヱタ五ロー」となった。ほかにも、ヘタクソゴロー、とかヘタゴロウ、などといわれたりした。戯《ざ》れ言《ごと》のようにみせかけた、露骨な差別の言葉だった。

「赤煉瓦《あかれんが》」というのもあった。煉瓦は四角形で、「シ」がつく、という他愛のないものだが、「四《よつ》」を隠語にまぶしているあくどさで、大人の社会の根深い蔑視《べっし》の反映である。

分散しているちいさな被差別部落、解放同盟の力の弱いところに、そのようなひどいいいかたが横行していた。解放運動のなかで、人権教育がすすむようになって、それらのばかげたいいかたは表面的にはなくなった。

戦後の解放運動

寺田さんの姪御《めいご》さんは、地域でも評判の娘だった。それを聞きつけた兄の友人、朝鮮に兄といっしょに出征した兵隊友だちが、兄夫婦を前にして、こういい放った。

「わしは変わったことをしよう思うとるたい」

「なにが変わったことか」と兄がたずねた。

「あんたのとこの娘を、うちの息子にもらおう思うとる」

「そのことが、どう変わっとるですか。べつに変わってなかろう」

義姉が反論して、部落の娘と結婚するのが変わったことですか、あなたの心のなかのほうが、よほど変わっとらんね、と追及した。その男は村会議員だった。しかし、部落の娘との結婚がふつうじゃない、という意識が、どのくらい差別的なことなのかを理解できていなかった。

もちろん、兄夫婦はきっぱり断った。そんな差別的な家の息子と結婚させるわけはない。

「いまはそんな幼稚なことはでけんな」と寺田さんがいうのは、そのような露骨な差別がなくなるように運動がすすめられてきた、という自負のようだった。森友さんが引き取っていった。

「昔は勢いがちがっておったね」

寺田さんは、このあたりの、戦後の「解放委員会」(部落解放同盟の前身)当時からの解放運動の中心人物で、支部の創設者だった。森友さんはその後継者なのだが、寺田さんのお孫さんも解放同盟の活動家である。

戦後、解放運動がはじまったころ、指導者たちは懸命な学習をつづけていた。茶碗《ちゃわん》とコメと割り木を自転車の荷台に積んで、集会場にでかけていった。泊まりこみで学習するので、相手の家に経済的な負担をかけないためだった。部落解放委員会の運動は、戦前の水平社運動との関係が切れていても、運動にかかわったひととの人脈はあった。このあたりには、松本治一郎の信奉者が多い。

「身命を擲《なげう》って運動していた」と寺田さんがいった。生活にゆとりのあるひとでないと、なかなか運動に専念できなかったのだ。

「あのころの差別事件は、涙なくして語れん状態だった」

戦後からつくってきた、さまざまな運動を、寺田さんは思いだしているようだった。地域のみぢかな生活のなかでの差別事件なので、寺田さんと森友さんの話には、差別者の苗字《みょうじ》ばかりか名前まで具体的にでてくる。思い出話なのだが、なにか民話を聞かされているような感じである。

このように狭い地域で、ごくみぢかなところで、日常的に起きていた事件だけに、差別されていたひとたちが、どんなにつらい思いをしていたかが実感された。

悲しい差別事件

つぎのような、悲しい差別事件があった。

寺田さんの兄の宅に、ある日、一枚のハガキが舞いこんできた。無署名だった。

そのころ、八日会という会があった。被差別部落のひとと「一般」のひととの融和をすすめる集まりだった。おたがい、アカの他人同士なのだが、「親戚交際」して、冠婚葬祭にもよびあおうという趣旨だった。

そんなときにやってきたのが、匿名のハガキだった。ある家の男が、差別発言をしている、との投書だった。それを受け取った寺田さんの兄さんが、解放運動をしている寺田さんのところへもってきたので、寺田さんが調べてみることになった。

石吉さん（仮名）というひとが、寺田さんの兄さんが親戚交際しているひとのところに、娘を嫁にやった。ところがその娘は、結婚したあとでもはたらいていたので、かなりの預金をもっていた。石吉さんがそのカネを娘から借りたのだが、返しきれないようになった。だから、夫に無断で親におカネを工面《くめん》していた娘は、夫に「通帳をみせろ」といつ迫られるか、と心配していた。

そんな背景があって、石吉さんは、自分がカネを借りている家の婿が、差別発言をしたとデッチあげて、寺田さんの兄さんに密告のハガキを送った。糾弾闘争を起こさせ、その勢いを利用して借金を棒引きさせようと謀《はか》ったのだ。ところが、部落問題を借金問題に悪用しようとした石吉さんのウソが露見して、糾弾の対象となった。

寺田さんは石吉さんに、「隠してもわかることだ。個人の責任にはしないから、正直に話してほしい」といって本人に認めさせた。ところが、そのあと、父親が苦境に追いこまれたことを気に病《や》んで、娘は農薬自殺を遂げた。

これは異例な悲劇だが、結婚をめぐる差別事件などで、この糸島地区だけでも、戦後以来、数人の死亡事件が発生した、という。「涙なくして語れんことじゃ」と寺田さんが声を落としていった。もちろん、自殺にはつながらなかった差別事件や被差別部落の名前を騙《かた》って、相手を脅迫した事件はいくつもある。

身元調査の手紙

そのなかでも、特筆すべきなのは、一九七二年一月、兵庫県伊丹市《いたみ》から前原町《まえばるまち》に回送されてきた、身元調査の手紙である。最初は結婚相手の戸籍謄本を送ってほしい、との文面だった。そのころの行政は、そのような要請にも応じていたようだ。

すると、つぎのような文面の手紙がまた送られてきた。

前略　過日はご多忙の中をご迷惑なお願いをいたしましたが、書類有難う御ざいました。就きましては、前原町の○○は普通の部落かどうかお知らせ願いたかったのですが、今頃こんな事を云うのは間違って居るとお叱りを受けるかも分かりませんが、当地方でも形の上では話題に昇《ママ》って居りますが、結婚だけはまだ中々と云う所です。

実は三重、長野、香川三県のある役場からは、正直に親切に、宗教亦《また》は死亡された御家門の人々の病名迄知らせていただきました。そんなことがありましたので、おたずねをする気持ちに成りました。悪しからずお許し下さい。

ご迷惑でしょうが、後の事は伊丹の方で伺いますからお知らせ下さい。都会に這入《はい》ったら全く手の付け様がありません。


驚くべき手紙である。自分の差別意識の恐ろしさにまったく無知である。役場が市民の宗教や病名まで知らせた、との記述は信じられない。どうして、この人物が三つの県の役場に問い合わせをする必要があったのか、と考えれば、興信所関係の仕事かもしれない、と想像することもできる。が、それはともかく、「都会に這入ったら全く手の付け様がありません」とは、まるで犯罪者集団にたいするような意識である。

ちなみにいえば、最近、実施された住民基本台帳の全国ネットワーク化や「マイナンバー制」

とは、自民党がかねてから主張していた、「国民総背番号制度」の導入そのものである。行政に個人情報《プライバシー》が集積されること自体が、人間にたいする支配が強化されることをしめしている。

それと同時に、集積化は情報のもれやすくなることも懸念させる。市民にも、この手紙の主のような、極端な差別者がまだ数多くいる。

わたし自身も、いろんな集会で被差別部落について発言したりする。すると会場から冷笑的に、「そんなことをいっても、あなたの娘さんが結婚するときには、身元調査をするでしょう」と反論する人物があらわれたりする。

それを当然のことと考えている「常識」が、これまで多くのひとを殺してきたのだ。差別意識がなんら疑問に思われず、常識としてまかり通っていることが恐ろしい。

前原町は、町長名で、差別手紙を送ってきた人物に返書を送った。

前略

早速ながら貴殿の第二回目の書簡が去る二十五日つきました。

その問合せの真意を察して驚愕するとともに非常に遺憾に存じました。本町はすでに町民に自由と平等の思想を啓蒙し憲法の条章に定める基本的人権を尊重し、明朗なる民主建設に努め町民の福利増進を計る目的をもって同和教育推進協議会を組織し、また同和対策室も新設し、その推進に懸命の努力をしているところであります。

勿論戸籍謄本より族称等を抹消しています。

新民法でもそのようになっています。

また昭和四十四年七月十日同和対策事業特別措置法が法律第六十号をもって制定されて以来は一層同和教育と事業に真剣に取組んでいる状況でございます。

したがってこのような問合せには応じられないし又このようなことがあるべきでないという強い信念をもっています。

貴殿は相当の教養を持っておられるやに察しますが、この際措置法や部落の歴史等について充分勉強をされますよう強く要望いたします。そして今後は差別のない明朗な住みたくなる町づくりに努力されますよう祈念します。

草々

このような底なし沼のような差別社会を、すこしでも解放的なものにしていこうというのが、人権教育のはずである。ところが、最近のように、弱者が切り捨てられて当然とする、暴力的な政治になると、人権意識も粗末にされるようになる。

聞き取りのなかで

森友義仁さんは、「ムラの文化研究会」の会長を引き受け、地域のひとたちからの聞き書きなどをつづけている。森友さんによれば、この糸島地区は、農業地帯であるため、小作農や「男衆」などにでていったり、水門管理などの出作、それに獅子舞《ししま》いなどの芸能、浪花節《なにわぶし》語りなどもいて、生活は豊かなほうだった、という。

ある日、森友さんが聞き取りにでかけていったHさんは、本人自身、「男衆」にでていただけで、なにも知らないというのだが、運動にたいするあこがれがつよいひとだったという。彼の家のちかくに、水平社たちあげのときに、浴衣《ゆかた》の尻がすり切れるほど、自転車のペダルを漕《こ》いで東奔西走していた、ある活動家が住んでいたので、その影響があったようだ。

このひとの農作業の楽しみ方には、独特のものがあった。たとえば、東から西にむけて畑の畝《うね》を縦につくる。すると冬場の夕陽をうけて、鍬《くわ》で削られたばかりの土が輝き、匂う。その仕事のよろこびをHさんは延々と話しつづけた、という。若いころ、絵描きになりたかった、というこの人物の話を、森友さんはつぎのように書いている。

田んぼ仕事をし、夕方陽が沈みかける。夕風のたつころの晩がたの野良仕事の気持ちよさってゆうたら、こりゃやってみたもんでなかりゃわからん。

俺が泥ば鍬で削っとったら、それば染めるごたぁ色で夕陽の沈んでいくやねぇ。この色ば見ろうって、その時期、この夕方あの畑に行こうって考えながら仕事ばしよったやねぇ。麦をつくるには長いうねば作らなあいかんけん、そのふちば斜めにずっと削っていく、それにうまい具合に陽があたって美しい。

その美しさを今、俺が作っていきよるというような気持ちで一鍬一鍬うちよったやねぇ。やっぱ、やったものでないとわからん。仕事しよるうちい手の痛うなる、腰の痛うなる。背のびをして疲れをいやそうとすると、冷たぁか風のすうっとふきこんで、何とも言えん気持ちいなるやねぇー。


あるおばあちゃんは、わざわざ昔のたべものをつくってくれた。御飯のなかに、塩味の小麦粉で練った蓬《よもぎ》の団子がはいっている。それがとても美味《おい》しかった。それに澄まし汁と沢庵《たくあん》、当時のご馳《ち》走《そう》だった。素朴な料理の美しさや美味しさについて語るおばあちゃんは、森友さんに農家の女性が鷺《さぎ》になった民話を伝えてくれたひとでもあった。

森友さんが聞き取った、感動的な話をもうひとつ紹介してみたい。

大作（大きな作付けをもった）百姓に雇われ、自分のうちの糞尿だけでは足らんので町部の方にくみとりに行く。町部では新聞が落とし紙として使われるところもあり、新聞紙が入っとったら、何とのう期待しよった。

それれば田んぼぃまいて何日かたつと、雨いうたれたり、パリパリに乾いたりしてきれいになり、読めるごとなる。田んぼい行ったとき、それを拾って読むとが楽しみやった。おらあ学校で字は習うとらんもんね。田んぼの新聞紙で字ば習うた。あんとき、田んぼの新聞紙やら読んどらんやったら、今のごと読み書きできんやったろうなー。

また新聞紙は田んぼいまいとくと色が変わってくる。雨風いさらされだんだん桃色いになってくる。これがまた美しいかっちゃんねぇ。桃色の紙が田んぼの中にあって、うねに腰かけてちょっと休むとき、手いとって何か記事の書いてあるとば読む。こりゃあよか休みいなるやなぁー。

学ぶという行為の美しさが描かれている。

森友さんが、ネクタイを締めるようになったのは、この一〇年ほどのことだ。結婚したときが、建設現場の作業員、子どもが生まれたときは、トラックの運転手、そのあとは、タクシーの運転手を二一年、などといろいろな仕事をやってきた。解放同盟地協の副委員長を二年。いまは嘱託として、文化運動を担っている。明るい、率直なひとである。

歴史と運動を受け継いで

運動が性にあっていた

福岡県前原市は、博多《はかた》湾を形成する糸島半島のまん中にある、人口六万八〇〇〇人ほどの小都市である。福岡から電車で三〇分程度、いまどきめずらしく人口がふえつづけているのは、ベッドタウン化したからである。

五年ほど前、いちど訪問してルポルタージュを書いたのだが、わたしの怠慢からそれっきりになっていた。そのとき、部落解放同盟・糸島地協の森友義仁さんに案内していただいて、「筑前竹《ちくぜんたけ》槍一揆《やりいっき》」で襲われた、という、庄屋「納富家《のうどみ》」の座敷廊下の柱や床柱に残された鉈傷《なたきず》を見学した。柱の傷痕《きずあと》はたしかに生々しかったが、座敷の明かり取りになっている、桟《さん》の細かな書院窓の美しさが強く印象に残っていた。雪舟《せっしゅう》がつくったとつたえられている庭も、なかなか趣きが深く、わたしはまた機会をみて訪問したい、と思っていた。

福岡空港から地下鉄で筑肥《ちくひ》線に乗り入れ、唐津《からつ》市にむかう途中にあるのが、前原駅である。駅についてから地協に電話をかけると、書記長の中田富雄さん（53）が、さっそく小型のワゴンカーを運転してむかえにきてくださった。中田さんが書記長になったのは一年前で、それまで彼は外にでていたので、解放運動にかかわることがなかった、という。

「厳しいときに、なにもしてなかったから」と彼は決然といった。いま、アルバイトをしながら、専従の仕事を引き受けている。地協の大会で書記長が欠員になりそうになって、「だれかおらんか」となった。中田さんは、いわば罪滅ぼしのような気持ちで、手を挙げた。

「もっと早くからやっていればよかった」というのは、いろんなひとと出会うことになるこの運動が、性《しょう》にあっている、と感じられるようになったからだ。「いま、松本治一郎さんのこととか、運動の歩みを勉強しているんです」と中田さんがいった。率直である。

中田さんは、井戸掘りの仕事をしながら、県立の夜間高校を卒業した。がっちりした体躯《たいく》で、エネルギッシュなのは、若いときに体をつかっていたからのようだ。

高校にはいるとき、同和対策事業としての奨学金制度がはじまっていたはずなのだが、彼はそれを知らなかった。高校生の奨学金制度は、教科書無償運動とともに、いまは一般家庭も恩恵を受けている制度で、部落解放運動が切りひらいた成果である。

高校を卒業してからは、電話工事の会社にいたが、二七歳になってから、消費者金融の会社にはいっていた。沖縄をふくめて九州の支店をまわって、最近、ふるさとに身を落ち着けた。それで解放運動をささえるようになったのである。

伊藤野枝とるゐさん

前に取材にきたとき、聞き漏らしていたことがあった。博多からくる途中に、今宿駅《いまじゅく》がある。そこは関東大震災のときに虐殺された、伊藤野枝《いとうのえ》の生まれ育った土地である。前夫の辻潤《つじじゅん》も、野枝といっしょに殺されることになる大杉榮《おおすぎさかえ》も、野枝が出産のために里に帰っていたとき、訪ねてきては盥《たらい》でおしめを洗っていた、とのエピソードが残されている。

だから、道端から海岸のそばにある彼女の生家へ曲がる角には、巡査の派出所がつくられていた、とわたしは野枝の娘の伊藤るゐさんに聞かされている。

中田さんにうかがってみたかったのは、そのるゐさんのことで、わたしは彼女から部落解放運動にかかわったことがある、と聞いていた。が、そのときは、それっきりにしていたので、この糸島地区のどんな運動に、たとえば識字学級などにかかわっていたのだろうか、と考えたりしていたのだった。

大杉榮などのアナキストは、水平社運動にかかわっていた。たしかに距離的にちかかったとはいえ、その娘が糸島の解放運動にかかわっていた、というのは興味深い。るゐさんは天皇制反対や受刑者の処遇問題や環境問題などの市民運動に熱心なひとだった。もっとくわしくうかがっていればよかった、とわたしは後悔している。

福岡から唐津にむかう街道筋にある宿場町が今宿である。いまでも古い町のたたずまいを遺している。その途中、博多湾にそった海岸に、ほぼ二〇キロにわたって、蒙古《もうこ》(モンゴル)の来襲を防ぐための長い防塁《ぼうるい》が松林のむこうに築かれ、いまでも残されてある。石塁の建設のために農民が動員され、沿岸警備のために九州一円から武士が集められた。居つくものも多かったであろう。

伊藤野枝は少女時代、対岸にみえる能古島《のこのしま》まで泳いで渡ったそうだが、この能古島の北数キロの志賀島《しかのしま》で、後漢時代に光武帝が奴国《なのくに》の王に与えたとされる金印が発見されているように、このあたりは、中国、朝鮮との交流が密接だった地域である。

『魏志倭人伝《ぎしわじんでん》』には、前原町と思われる「伊都国《いとこく》」について「女王国の統治に属す」と記載されているそうだが、一九六〇年代になってから発見された「平原遺跡《ひらばる》」は、銅鏡、勾玉《まがたま》、太刀などを供えていたため王墓とみられ、被葬者は女王と推定されている。

このような歴史が深く積み重なった地域に、被差別部落が形成され、その深みから解放運動が起こるようになったのである。中田さんに伊藤るゐさんのことをうかがうと、講演にこられたのは聞いたことがある、と記憶されているのだが、るゐさんの話しぶりでは、もっと足繁く通ってきたようなのだ。

「サギの流れ田」

「ムラの文化研究会」をささえていた、森友義仁さんからうかがっていた「サギの流れ田」の民話も、わたしの記憶に残っていた。この話は、この地域の被差別部落につたわっていた民話を、森友さんが採集し、絵本にまとめた悲話である。

川にはまって流された子どもを追いかけるため、母親が白サギに化身して、子どもをもとめて飛んでいく。が、まにあわなかった。白サギの体が白くて脚が黒色なのは、変身する前の母親が、白い肌着と黒い脚絆《きゃはん》をつけていたからなのだ。

この民話は、もう一つの話とつながっている。その白サギが、くわえてきたタニシを空中からちかくの河原に落とした。そのタニシを子どもたちがふやそうとして、河原に泥田をつくった。それをみていた村びとたちが、力を貸して立派な田んぼにした。すると、その田んぼが庄屋の目に留まって、横取りされる。そのあと、大雨がふりつづいて、せっかくの美田の稲は流されてしまった。

「庄屋が田んぼば作りゃ流され、村の人が作りゃ良か米がとれる」

流田という地名はいまも残っている。村びとの努力が報いられ、欲ばり庄屋は天の制裁を受ける、というような因果話である。

江戸時代に形成された、といわれているある被差別部落は、福岡市内の早良《さわら》地区から「雀追《すずめお》い」として移住させられた、とつたえられている。はじめは、地主の屋敷から北へ四、五〇〇メートル離れた川端にあったのだが、北風が吹くと、ムラを通り抜けた風が地主の家に当たる、という理由で所替えさせられた、という。

その後あらたに住んだひともいれて、一〇戸ほどの部落になった。

「雀追い」は、子どものころ、わたしも経験している。田んぼのなかに、小屋ともいえない見張りの櫓《やぐら》をつくり、その支柱に、田んぼの上に張りめぐらした縄を結んでおく。実った稲穂をねらって雀がやってくると、その縄を思いっ切り引っ張る。と、縄に結びつけられた空き缶などの鳴子が騒々しい音をたてる。雀は一斉に逃げていく。それは、子どもの仕事だった。が、しかし、江戸時代の「雀追い」は、農民を荒蕪地《こうぶち》へ移住させて開墾させることを意味していた。

江戸時代中期に、糸島地区は、洪水、旱魃《かんばつ》、虫害（ウンカの大発生）などによって凶作となり、大量の餓死者が発生した。農民が逃散《ちょうさん》したあと、荒廃した田んぼの石を取り除いたりする仕事をさせられたのが、被差別部落のひとたちだった。藩は生産高を維持して、年貢収入を安定させる必要があった。農民のいなくなった荒れ田の土砂を取り除かせたり、開墾させたりはしたが、けっして所有させることはなかったから、部落のひとたちが小作人であることに変わりはなかった。

「ムラの文化研究会」が作成した、「サギの流れ田指導の手引き」には、こう書かれている。

昭和三十年代に耕地整理が行われたときに取り除かれるまで、あちこちにみられた〈石塚〉は、「ムラ」の人々が実質的に農民としての地位を確立していったことを物語るものでした。

ちなみに、「ムラ」の人々が耕作した田畑の箇所を、地図上で調べていくと、氾濫を繰り返した大川の流域に集まっていることが分かります。流れ込んだ岩・石・砂利などを大変な労力を使って取り除き、命ぜられた場所に運び集め、積み重ねたところが、〈石塚〉と呼ばれるようになったのです。〈石塚〉といっても、高く盛り上がったものではなく、平らに広く（一つが三畝ぐらい）石を置いたもので、その上に土をかぶせ、そこもまた、畑に利用するという工夫がなされており、外見からは〈石塚〉とは判別できないものでした。

それはまさに〈開田〉であり、〈開拓〉の歴史でした。

差別によって、農地から疎外されていたひとたちの願いが、美しいサギの飛翔《ひしょう》する姿にこめられていたのである。糸島地区のムラのひとたちは、徳川時代、一般農家の使役や手伝いで米や麦を受け取り、傷牛馬や死牛馬を引き取って解体し、正月は恵比寿廻《えびすまわ》し（デデボン）で餅《もち》をもらって生活していた、とつたえられている。

ある故老の話では、若死にした彼の叔父は、鋤《すき》造りの名人だった。ある山村に出仕事にいったとき、その家のお手伝いさんが、「表にえたが来とります。人間によく似とります。目も鼻もあります」と主人に告げた、と故老の母親はよく嘆いていた、という。

このような屈辱的な、聞いただけでも血の逆流するようなあつかわれかたについての証言は、各地に憤りと悲しみとともに残されている。

納富家

ひろびろとした水田地帯のなかに、ちいさな森がみえてくる。そのなかに、このあたりを治めていた庄屋、納富家の邸宅がある。門構えの立派な、木造の武家屋敷である。五〇〇坪といわれる庭には、背の高い蘇鉄《そてつ》の群れがあって、和風の庭園に強いアクセントをつけている。

門をはいった右手に、やや平らな石が置かれてある。「塩石」である。享保《きょうほう》一七（一七三二）年の大飢饉《ききん》のとき、このあたりの大庄屋だった納富家が、藩からあずかっていた蔵米まで放出し、炊きだして、飢えた村びとに与えた。そのときは、黒田藩領ではなく、中津藩領だった。

空きっ腹をかかえて体の弱ったひとたちが、屋敷内にはいって物乞《ものご》いして、恥を掻《か》かせるのは忍びないとして、門の内側に大きな石を置いて、その上に塩を盛り、握り飯をならべておいた。納富家は、さらに、飢饉によって逃散したり、死亡したりして耕作者がいなくなった「散田」を、ムラのひとたちの耕作に任せ、その後、自作農にしたりした、という。

五年ぶりに再訪した納富家の庭園も、木目の美しい広大な玄関の板の間も、二間つづきの座敷も、そのままだった。廊下にむかって大きく区切られた書院窓は、やはりやわらかな光を透していて、前に来て感嘆したように美しかった。

品のいい年配の女性が、奥からでてこられて、和菓子とお茶で接待してくださった。森友さんが連絡していたからだが、すこしだけ雑談させていただいた。わたしたちが見学させていただくのはいいのだが、保存する納富家の負担を考えれば、ありがたがってばかりはいられない。公費からはなんの援助もないというのだから、このような伝統的な家に住んでいる家族は大変である。

まして、この家は、「筑前竹槍一揆」の生き証人なのだ。

一九七一年ごろ、わたしは筑豊で、「うちは穢多庄屋だった」とご自分でいうお宅に泊めていただいて、床の間の刀傷をみせてもらっている。そのとき、わたしは不勉強のあまり、おなじ被差別部落内での百姓一揆、としてしか理解できなかった。

ところが、一九八八年に発行された、上杉聰《うえすぎさとし》・石瀧豊美《いしたきとよみ》『筑前竹槍一揆論』（海鳥社）を読んで、「解放令」に反対した群衆が、一五〇〇戸にもおよぶ被差別部落の住宅を焼き討ちした、という事実をはじめて知らされた。一揆とはいえ、歴史を逆転させようとした「一揆」だったのだ。このような民衆の暗いエネルギーが、関東大震災のときの朝鮮人虐殺に引き継がれたのであろう。

筑前竹槍一揆と現在

一八七三（明治六）年六月、福岡県嘉麻郡から、竹槍を手にして武装した群衆が県庁に押しだした。それは、その二年前、太政官から布告された「解放令」にたいする反発を表現したものだった。民衆によって、部落大衆にリンチ、放火などの暴力行為がおこなわれたのは、それまでの彼ら自身がつくりだしてきた、差別と恐怖の意識によるものだった。

上杉、石瀧両氏の研究では、「解放令」がだされてから、農民たちに、「部落民が傲慢《ごうまん》になった」という反発、これまで排除してきたひとたちとまじわらなければならないことへの嫌悪、文明開化政策によって屠牛《とぎゅう》がすすみ、農耕に使う牛の価格が高騰するという不安と恐怖、などが一挙に強まっていた、と分析されている。

糸島の被差別部落では、焼け残ったのは五軒だけ、といわれている。納富家も襲われて、座敷の床柱や柱に鉈傷がつけられ、浮き彫りの欄間の一部や陶磁器などが破壊されたが、放火は免れた。

「解放令」は、その地域の庄屋や住職によってひとびとにつたえられたのだが、かつての伊都国の怡土《いと》郡では、庄屋がつたえた、といわれている。それ以前の享保大飢饉のとき、被差別部落民衆の飢餓を救った納富家が、「解放令」をいちはやくつたえたのは、当然のことだった。

しかし、「解放令」に反対して部落を襲った暴徒が、納富家の柱に残した鉈《なた》傷には、ある種のためらい傷のような手加減が感じられる。それは、納富家への敬愛によるものだったかもしれない。石瀧さんは「たしかにこの家も襲った」という、アリバイづくり、と推理している（ムラの文化研究会「糸島フィールドワーク」）。

それから一二〇年以上がたって、いまだに被差別部落とその運動にたいする憎悪が残されているのは、奇妙なことである。東京をはじめとして各地で、インターネットや匿名葉書での攻撃がつづいている。これらの卑劣なやりかたが最近の特徴だが、それがいまなお、民衆のなかに沈澱《ちんでん》している差別意識の強さをあらわしている。

青年部のひとたち

夕方、隣保館の一室に、青年部のひとたちに集まってもらった。青年部のメンバーは、一四、五人だそうである。部長の田中淳《あつし》さん（28）は、二丈町の水道課に勤めている。Aさん（32）は、子どもを二人かかえてはたらいている。中原祐二さん（27）は、食品関係のパート労働者、Bさん（27）は、障害者の作業所、川上好夫さん（27）は、生命保険会社の営業、鈴木匠《たくみ》さん（21）は、ゲームセンターに勤めている。

なお、鈴木さんは、部落外に生まれたのだが、中学校のころから青年部運動に参加している。彼は両親とともにここに引っ越してきて、子ども会の世話をしている先輩たちの熱心さにひかれて、活動に参加するようになった。そのことが、この地域に、地区以外のひとたちの流入がふえている事実をしめしている。

わたしは、部落、部落外を問わず、おなじ地域に住むひとたちが一緒に活動して、その人間関係をひろげていくことが、解放運動の発展につながる、と考えているので、とても貴重な活動に感じられて、うれしくなった。

青年部活動で重要なものに、小学生を対象にした「解放子ども会」やドッジボール大会などがある。これには、八〇人ほどが集まってくる。最近の親は夢中になって、子どもが負けると険悪になったりする、という。

中学生になると、合宿がある。二〇〇六年の合宿は、長崎の原水禁大会に一五人の中学生を連れて行った。中学生を班にわけ、フィールドワークさせる方法で、二〇年以上もつづいている。出発の前には事前学習をおこなう。

冬の合宿は、三日間の教科学習で、中学校の教員にきてもらって、高校進学の教科をみてもらったり、部落問題を学んだりしている。ほかには、地元で狭山事件再審請求の集会をひらいたり、現地調査や中央集会に参加したりする。

その日集まった青年部員たちは、子どものころの合宿の楽しい思い出が、活動のエネルギーになっている、という。先輩とのつながりができて、青年部活動に参加するようになるのだが、最近では、子ども会よりも塾にいくことに力がはいるし、進学してほかの地方にでていくと帰ってこなくなる。それでなくとも、就職してクルマをもつと、行動半径がひろくなって、青年部活動には参加しなくなる、ということで、部員はなかなかふえないのが悩みである。大学生もふえていて、「ひまな学生を青年部活動へ」という運動を考えている、と部長の田中さんがいった。

彼は部落同士の結婚だったから、なにも問題はなかった、というが、結婚するとき怖かった、というひともいた。でも、相手の親がクリスチャンだったから、問題なかった、という。話がたまたま結婚差別になったのを黙って聞いていたAさんが、「わたしも結婚差別を受けました」といいだした。

彼女の夫の家のちかくに、大きな部落があったので、夫は子どものころから、「部落のもんとはつきあうな」といわれてきた。そんな親だったから、部落の女性を嫁にすると後ろ指をさされる、とむこうの親は反対していた。それでも夫は理解していて、「おれはそんなの関係ない」といっていた。といっても、親の反対が強いので夫も悩んでいたようで、籍にいれるのが二年ほど遅れた。むこうの親が理解したというのではないが、「よかろう」ということになった、という。結婚差別の話になると、みな口が重くなった。これから自分の番になる、との思いがあるようだ。

泊保育所

前原市が、隣接する福岡市のベッドタウン化しているのは、丘の中腹にある「泊《とまり》保育所」の定員の変化によくあらわれている。前に訪問したときは、子どもたちは一一〇人ほどだったが、いまは一五〇人ほどをあずかっている。職員も一六人から二三人にふえた。

園長の楠原康彦さん(52)によれば、前原市は、福岡市と地下鉄、高速道路で結ばれていながら、住宅費がやすく、海と山があるので住むのにも環境がいい。それで、人口がふえた。九州大学のいくつかの学部も移ってきていて、学術研究都市として拡大しているようだ。

そのこともあって通園圏が拡大して、園児がふえた。かつては、六〇パーセントが部落の子どもたちだったが、いまは逆転して三〇パーセント程度になった。創立五〇年になる老舗《しにせ》でもあるが、ゆったりした敷地で開放感があることもあって、保護者に支持されている。

乳児から保育しているのだが、三歳から五歳児までの異年齢の子どもたちをひとつのグループにして、担当の保育士をつける、「たてわり保育」を実践している。

年長組、年中組、年少組の異年齢の子どもたちが、おたがいのつながりのなかで、いっしょに成長していく方式である。「ひとりひとりの子どもをみつめる、というのが解放教育の教え」と楠原さんはいう。保育室では、ままごと、積み木、カード遊び、絵本などのコーナーをつくっていて、子どもが自由にそのなかから遊びを選択する、「遊びを大切にする保育」をおこなっている。遊びを形式的に設定しておいて、いわれたことだけをする保育ではない。

「最近の子どもたちは、どうですか。変わってきましたか」と質問した。「ガキ大将がいなくなりました。特色のある子がいなくなって、おなじような子どもがふえました。アレルギーの子どももふえました」という。安倍政権になってから、教育にたいする支配が強まっているので、それにたいする危機感や憲法の話などは、保護者会ではっきりいう。いっておかないといけないことは、ちゃんという。それは楠原さんが、解放運動でやってきたことである。

この地域には、かつて屠場があったり、旅芸人の集落があったりした。いまは混住がすすみ、差別にたいする意識が薄くなっている。通婚圏もひろがり、解放運動の成果もあって、結婚差別も前ほどではなくなった。それでも、格差社会がますます強まっているので、運動がなくなったらまた部落差別がぶり返してくる、と楠原さんは心配している。

糸島地区の識字学級は、七三年から解放学級と名前を変えて、差別問題も勉強するようになった。ところが、最近では高齢化がすすんで、閉鎖するところがではじめている。どこでも、若者がいない、という問題をかかえている。中田書記長は、「大家族のように、年齢がちがっても、住んでいる地域がちがっても、地区内も地区外のひとも、おなじ場所で一緒に勉強する楽しさ」、それをつくることが大事だ、という。

支部は一五支部あるのだが、若者は地区をはなれ、高齢化がすすんで、思うように活動ができていない。これから、解放運動が衰退しないように、なにかあたらしい事業を考えなければ、と中田さんは、いま頭をめぐらしている。

＊この原稿にいう「糸島地区」とは、旧糸島郡、つまり現在の福岡市西区、前原市、二丈町、志摩町をさす。ここには、数所帯から約一〇〇所帯までの被差別部落が二〇地区、存在する。

（『部落解放』二〇〇二年一一月・五〇九号、二〇〇七年九月・五八七号をもとに加筆修正）

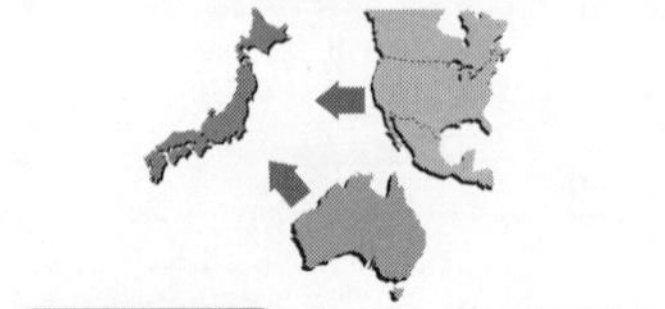

❶ 原皮の輸入 牛、馬、羊、やぎ皮などが輸入され、豚皮のみが国産原皮となっている。原皮はアメリカ、オーストラリアの他にヨーロッパ、東南アジアなどからも輸入される。

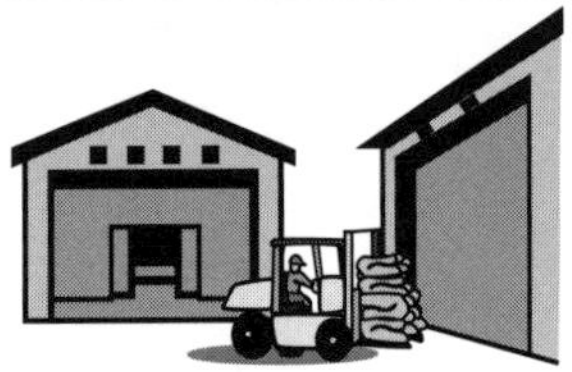

❷ 原皮倉庫 日本の港へ到着後、いろいろな手続きをして倉庫へ持ち込まれ、その後各工場へ運ばれる。

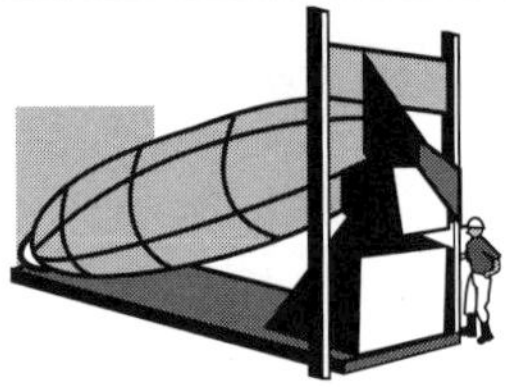

❸ 原皮水洗い 原皮に付着している汚物を取り除く。汚れた水は処理をして、きれいな水にしてから外へ流す。

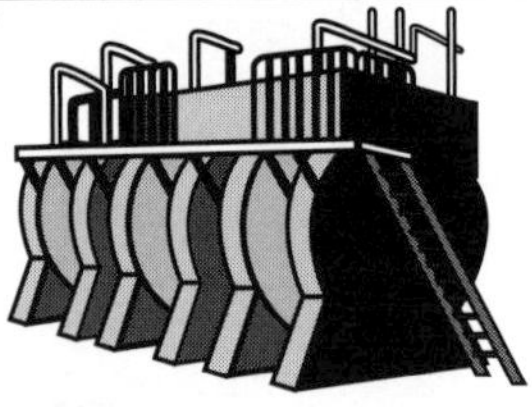

❹ 石灰漬 石灰に漬けて皮をふくらませ、毛を毛根からぬき取る。毛をぬき取った面（銀面）が皮の表面になる。

❺ フレッシング 皮の表面に付いている不要物を取りのぞく。

●スプリッティング（バンドナイフ）
製造する用途（靴用、かばん用、衣服用など）に応じて、皮の厚みを分割する。

❻ なめし クロムなめし、タンニンなめしなどの方法で、皮にいろいろな耐久性を持たせる。

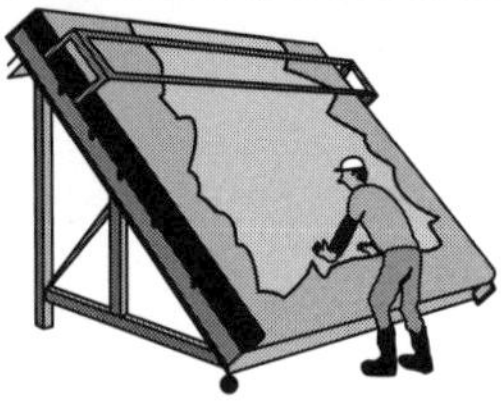

❼ 背割り 牛、馬などの大きな革では、作業がしやすいように１頭分の革を背筋に沿って半分に分ける。

❽ 水絞り 水分を取り除くと同時に革を伸ばす。

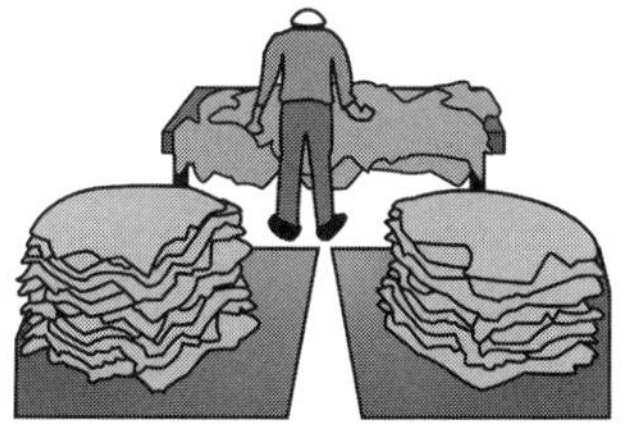

⑨ 等級選別 革の表面（銀面）の欠点が多いか少ないかを見分ける。

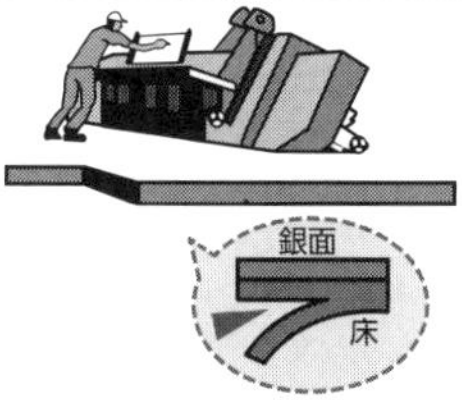

⑩ バンドナイフ ⑥のなめしの前に皮を分割しなかった場合は、ここで分割する。

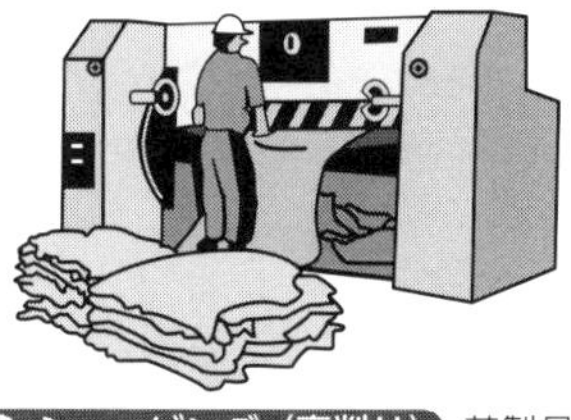

⑪ シェービング（裏削り） 革製品の用途に応じて革を削って最終的な厚みにする。

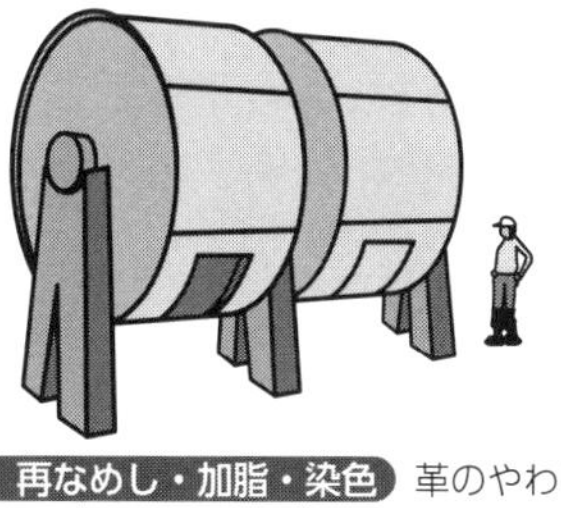

⑫ 再なめし・加脂・染色 革のやわらかさなどを調整しながら染色する。

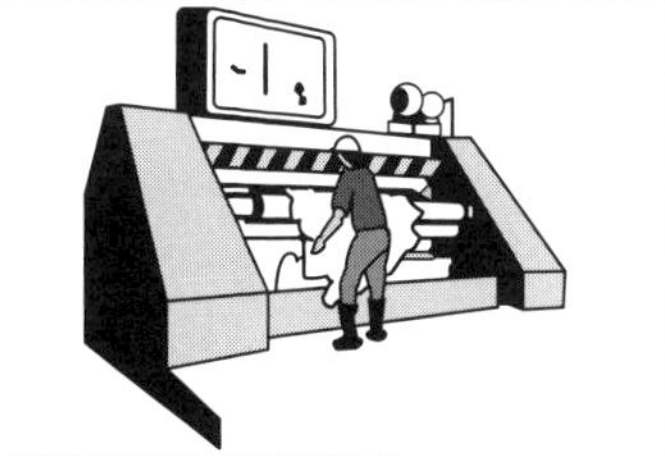

⑬ セッター（伸ばし） 染色した革の水分を取り除くと同時に革を伸ばす。

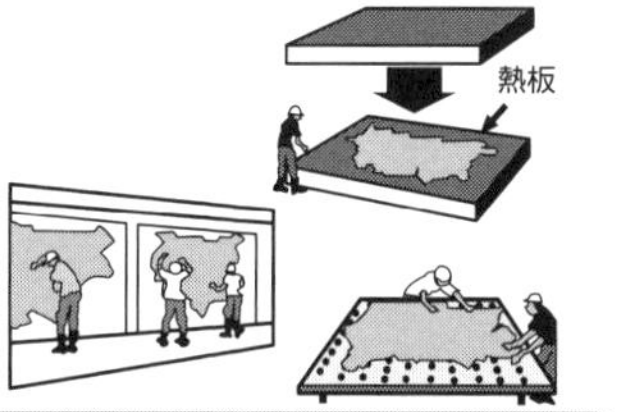

⑭ ガラス張乾燥・真空乾燥・網張乾燥 網、金属板などに革を伸ばしながら張って乾燥する。

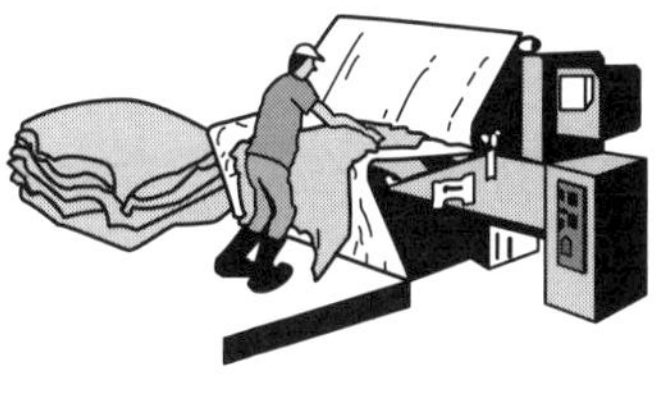

⑮ バイブレーション（革もみ） 乾燥した革をほぐしてやわらかくする。

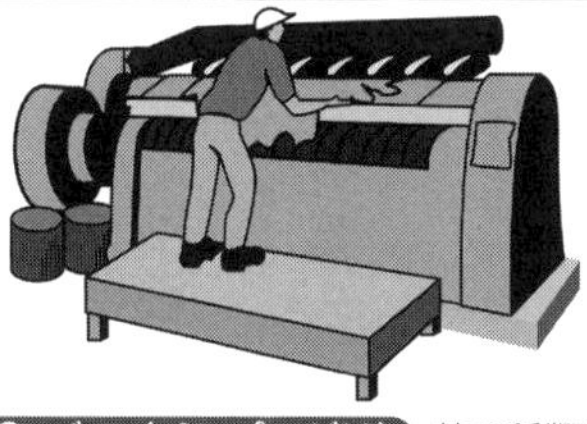

⑯ バフ（ペーパーがけ） 革の種類によっては、表面をペーパーで擦りとり、なめらかにする物もある。

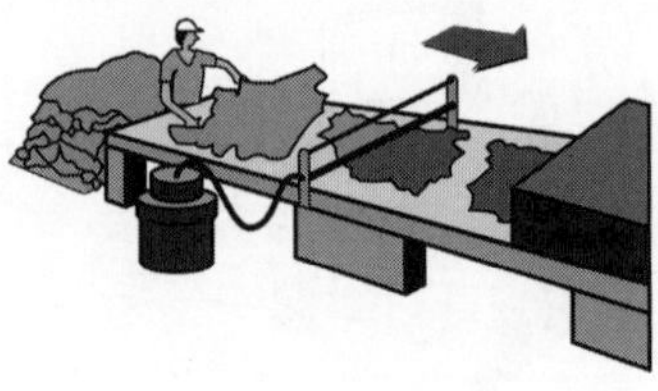

⑰ 塗装作業（機械塗り） スプレーとか手塗りで、まず着色をする。

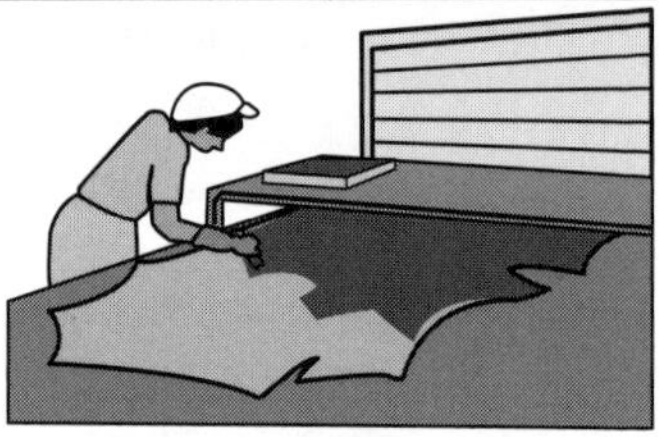

⑱ 塗装作業（手塗り） スプレーとか手塗りで、まず着色をする。

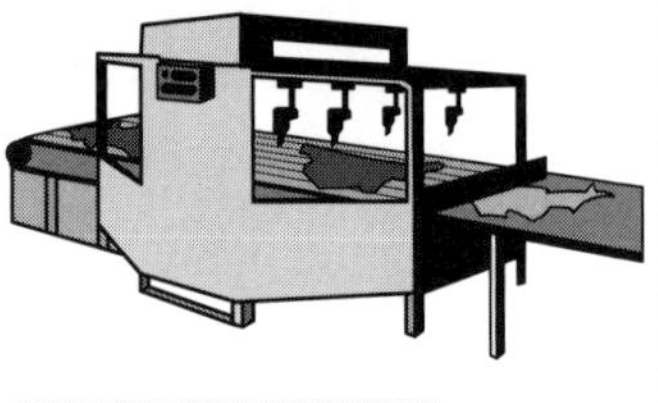

⑲ 塗装作業（スプレー） 希望の色に合わすため、スプレーで最終的な調整をする。

⑳ 押し・アイロン 革を伸ばしたり、艶を出す目的でアイロンをかけ、美しさを強調する。また、革にいろいろな模様をつけるために型を押す。

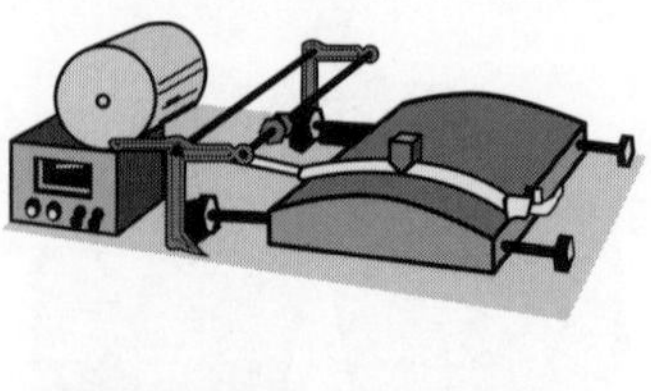

㉑ 物性試験・外観検査 革の色、強さ、やわらかさなど、すべての品質検査をする。

㉒ 計量 革の面積をはかる。

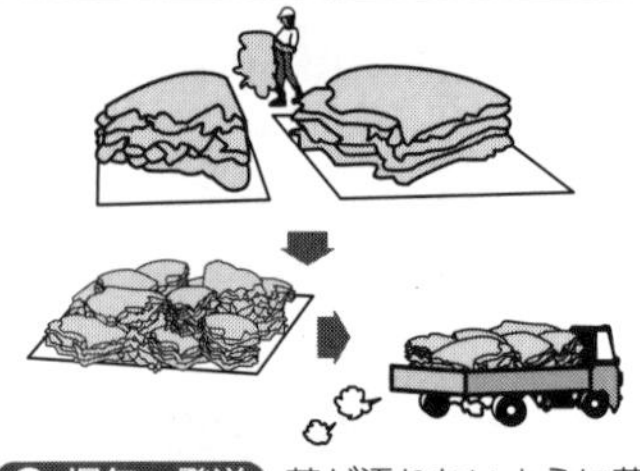

㉓ 梱包・発送 革が汚れないように荷造りして発送する。

㉔ 製品となる 靴・かばん・ベルト・衣服・手袋・グローブなどの製品になる。

『姫路ブランド 姫革 情報発信!!』姫路市皮革産業活性化事業研究会・兵庫県皮革産業協同組合連合会より

あとがき

牛や豚など、食肉を生産する工場労働を『ドキュメント 屠場』(岩波新書)として上梓したあと、わたしは人間と動物と自然との関係を以前よりも考えるようになった。

動物を殺して食べるなど残酷だ、というひとたちがいる。「可哀想だ」などといいながらも、自分は高みにいて、手を汚さないで食べているのは欺瞞《ぎまん》だ。屠場労働者にたいする侮蔑であり、差別であり、動物とのいびつな関係である。

それでも、わたしは、ベジタリアンや毛皮を着用しないひとたちの存在は知っている。それぞれの生活の仕方は個人の思想にもとづいている。わたし自身は肉を食べるし、寒い国では毛皮のコートがなければ大変だ、と思う。おたがいの生活洋式を認めるのが、もっとも平和な方法である。

エジプト・カイロ近郊、ギザのピラミッドの内部の壁に、牛を解体している壁絵が遺されてあった。『ドキュメント 屠場』にその写真を掲載したが、いまとまったくおなじ(機械化された工場以外)やりかたで、意表を衝《つ》かれる想いにさせられた。四〇〇〇年以上も人間はおなじことを繰り返してきたのだ。

日本をみても、三〇〇〇年前の三内丸山遺跡（青森市）に復元された家屋や発掘された装飾品は、さほど奇抜なものではない。

食べる、着る、履く。あるいは装飾品から楽器まで。動物と人間の関係は、紀元前から延々とつづいてきた。それが分業と商品化されるまでの、自然のなかでのごく自然な営みだった。

屠場の本を書いたあと、どこかへもち去られる、剝ぎ取られた原皮の行方に関心をもつようになった。皮革工場がおのずからつぎのテーマになったのだ。


この本は、「白鞣革《しろなめしがわ》」でよく知られている兵庫県姫路市高木地区からはじめて、姫路市御国野町、奈良県各地、大阪府貝塚市などの皮革工場と屠場をまわり、長野県小諸市、福岡県糸島地区の被差別部落に到着した記録である。

ほかにも、東京都墨田区木下川《きねがわ》の皮革産業の取材も準備したが、厖大《ぼうだい》な歴史の前で、力およばず断念した。首都・東京の記録を残せなかったのは残念である。

この長年にわたる取材で、もっとも心に遺っている人物は、奈良の橋本一弘さんである。お会いしたとき、ちょうど、動物愛護協会のやり玉にあげられ、「猫どろぼう」などの無責任な悪口をあびていた。そのときの気落ちした表情が、受けた差別を一身にあらわしていた。

全身をこめて営んできた、天職ともいうべき仕事が、「合成皮革でいいだろう」と言い募《つの》られる屈辱は、歯がみしても余りあるものだったと思う。だれでも、自分が愛している仕事を否定されるのは、耐えられないことである。

過激な動物愛護運動が、伝統文化を滅亡の危険水域に押しやっている、との自己認識がない。「猫が可愛い」という個人的な感情が、「三味線に猫皮をつかうな」という排他的な主張になって襲いかかっていた。

浄瑠璃、説教節、文楽、歌舞伎、万歳、民謡、日本舞踊などの伝統芸能は、微妙な響きによって、日本的な間合いを形成してきた。その音色は、厚みが中央と周辺とがちがう、猫皮特有の部位の差異によってバランスよく共鳴し合う、という。「濁りのある音色」ともいわれたりする。

三弦楽器の三味線は、弦が鳴ると考えられているが、橋本さんは「皮が鳴る」という。津軽三味線などは犬皮、沖縄・奄美の三線《さんしん》は蛇皮だが、犬皮を輸出してきたタイでも生産が止まっている。三味線は、いま犬皮と合成皮革、あるいは、カンガルーなどで九五パーセント以上を占め、練習用に使用される。プロが辛うじて、一軒だけ残った橋本さんの猫皮の三味線をつかう。

性急にして偏狭な、ほかを省みることがない猫愛護運動が、三味線の微妙な音色をかき消そうとする、危機的状況にさらしてきた。犬皮・猫皮の国内生産技術の保存・保護が必要だ。

かつて、七〇年代は四〇軒ほどあった猫の「張り皮」づくりの県選定保存技術者は、いまは橋本さん親子だけである。この奈良の一軒だけが、辛うじてその灯火を消すことなく、がんばり抜いている。歌舞伎、文楽は人間国宝を生みだす伝統芸能。それを支える奏者も人間国宝だが、その基盤をなす皮づくりは、「猫殺し」として蔑視されている。これほどの差別はない。部落差別と屠畜、皮革生産者への差別は、いまだに根強い。

『水平をもとめて』をこの本のタイトルとしたのは、いうまでもなく、一九二二年三月三日、京都市・岡崎公会堂で結成大会をひらいたときの、「水平社宣言」によっている。

戦後も七〇年になって、「日本国憲法」がつくりだした非戦と民主主義を否定し、少数者支配の格差社会を拡大し、ヘイトスピーチの横行にみられるような、差別意識と暴力的な感情が世に強まっている。戦前の亡霊のような安倍政権が、意識的にそれらを増長している。

ひとりひとりの尊厳が認められる理想の社会にむかって、「人の世に熱あれ、人間に光あれ」と心から願求《がんぐ》礼讃《らいさん》し、身を挺して水平社運動を開始した若者たちの熱と光を、いまこそ若者たちにつたえたい。その想いをこめた。

この本の取材で、わたし自身の豊かな経験になったのは、詩誌『ぱどる』と出合ったことだった。町工場で営まれていた文学運動。それも職場から自分の労働の喜び、悲しみ、誇りを謳った詩誌が、四〇号も発行されていたのだ。これは文学史上でも特筆されるべき大事業である。その運動を紹介することができて、うれしかった。ただ、村上弘一さんをはじめ同人の方に連絡がとれなくなったままの掲載となった。ご存じの方がおられたら、お知らせいただきたい。

皮革の取材は、兵庫部落解放研究所（当時）の機関誌『ひょうご部落解放』の編集者だった、故城間哲雄さんなどのご協力で、「白鞣革」でよく知られている、姫路市の高木地区の取材からはじめた。高木地区の取材では、部落解放同盟高木支部支部長（当時）の金田頼一さん・智子さんご夫妻にさまざまなご指導とご協力をえた。わたしが親しくさせていただいていた、北九州筑豊炭坑地帯の作家・上野英信さんと懇意にされていたので、わたしたちには親近感があった。そのこともあって、支部ぐるみで協力していただいた。また姫路市の取材では、明石書店の石井昭男会長、制作部の安田伸さんにご協力を受け、大変お世話になった。

長野県小諸の取材では、故高橋俊雄さんや高橋弘さん、糸島では森友義仁さんや中田富雄さん、山田一郎さんなど多くのかたがたのご支援をえた。

本書は、ひょうご部落解放・人権研究所をはじめ、解放新聞奈良支局、奈良人権・部落解放研究所の機関誌・紙や紀要および月刊誌『部落解放』に掲載した原稿を加筆修正したものである。転載のご許可に感謝したい。そして何より、お忙しいなか取材を受けていただいた方がたにお礼を申しあげたい。

なお、取材年がわかるよう、それぞれの原稿の末尾に初出の掲載年月を記した。

今回、解放出版社から刊行されるに当たっては、かつて『部落解放』誌上で、「ドキュメント屠場」の取材と執筆を助けていただいた、加藤登美子さんの手をまたもや煩わした。そのおかげで、ようやくいま、こうして無事発刊に漕ぎつけることになった。

この本の刊行には、これまで以上に多くのひとたちのご助力をえた。ありがとうございました。

二〇一六年四月

鎌田　慧

鎌田 慧（かまた さとし）
1938年青森県生まれ。ルポライター。
県立弘前高校卒業後に東京で機械工見習い、印刷工として働いたあと、早稲田大学文学部露文科で学ぶ。30歳からフリーのルポライターとして、労働、公害、原発、沖縄、教育、冤罪などの社会問題を幅広く取材。「『さよなら原発』一千万署名市民の会」「戦争をさせない1000人委員会」「狭山事件の再審を求める市民の会」などの呼びかけ人として市民運動も続けている。
著書は『自動車絶望工場―ある季節工の日記』『去るも地獄 残るも地獄―三池炭鉱労働者の二十年』『日本の原発地帯』『六ケ所村の記録』(1991年度毎日出版文化賞)『ドキュメント 屠場』『大杉榮―自由への疾走』『狭山事件 石川一雄―四一年目の真実』『戦争はさせない―デモと言論の力』ほか多数。

ドキュメント 水平をもとめて――皮革の仕事と被差別部落

2016年6月30日　初版第1刷発行

著　者　鎌田 慧 ©
発　行　株式会社　解放出版社
〒552-0001 大阪市港区波除4-1-37　HRCビル3F
TEL 06-6581-8542　FAX 06-6581-8552
東京営業所／千代田区神田神保町2-23　アセンド神保町3F
TEL 03-5213-4771　FAX 03-3230-1600
振替 00900-4-75417　ホームページ　http://kaihou-s.com
装幀　森本良成
本文レイアウト　伊原秀夫
印刷・製本　モリモト印刷株式会社

定価はカバーに表示しております。落丁・乱丁おとりかえします。
ISBN 978-4-7592-0230-4　NDC 361.86　323P　19cm